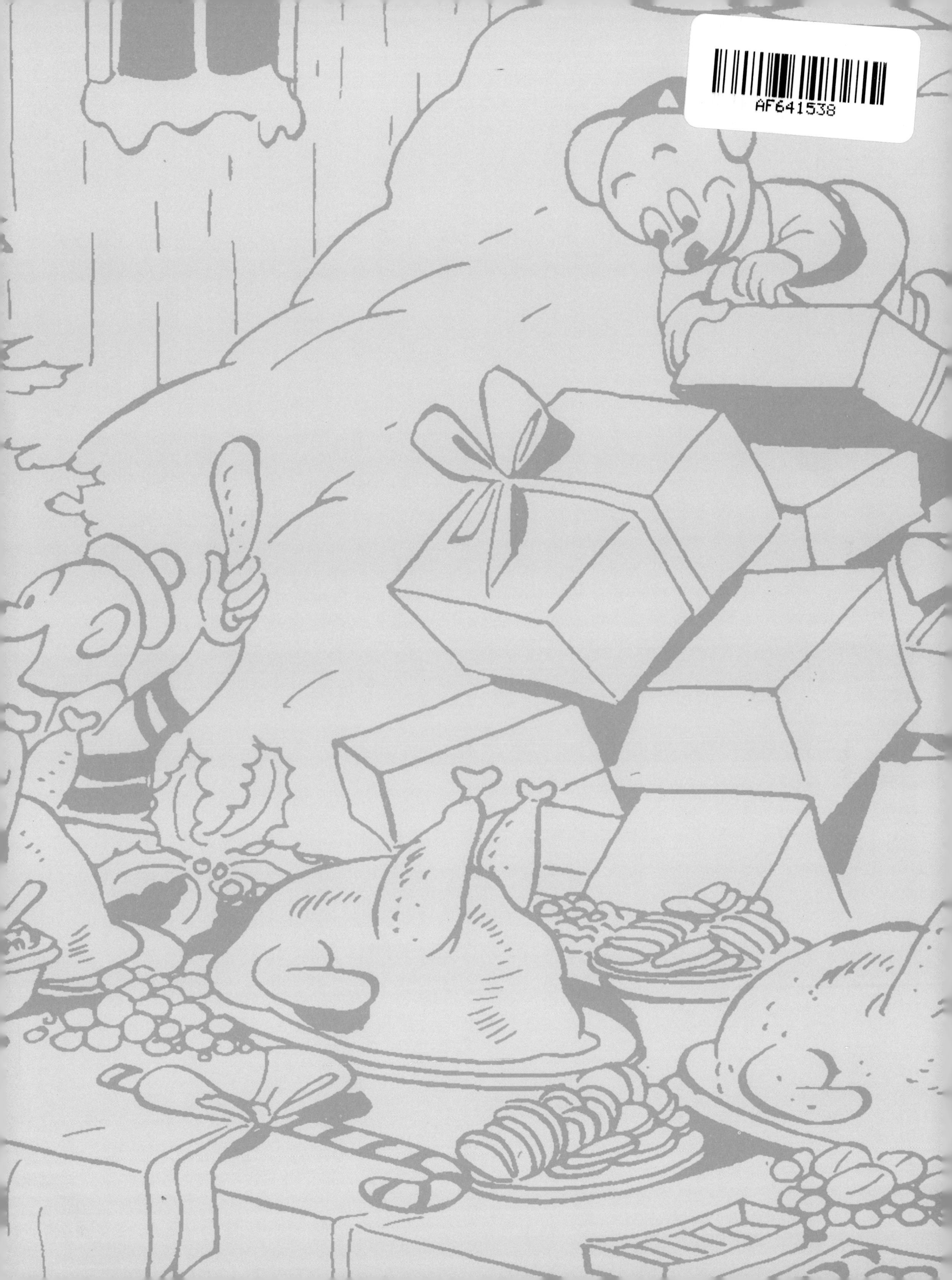

Walt Disney's Donald Duck

Weihnachten für Kummersdorf

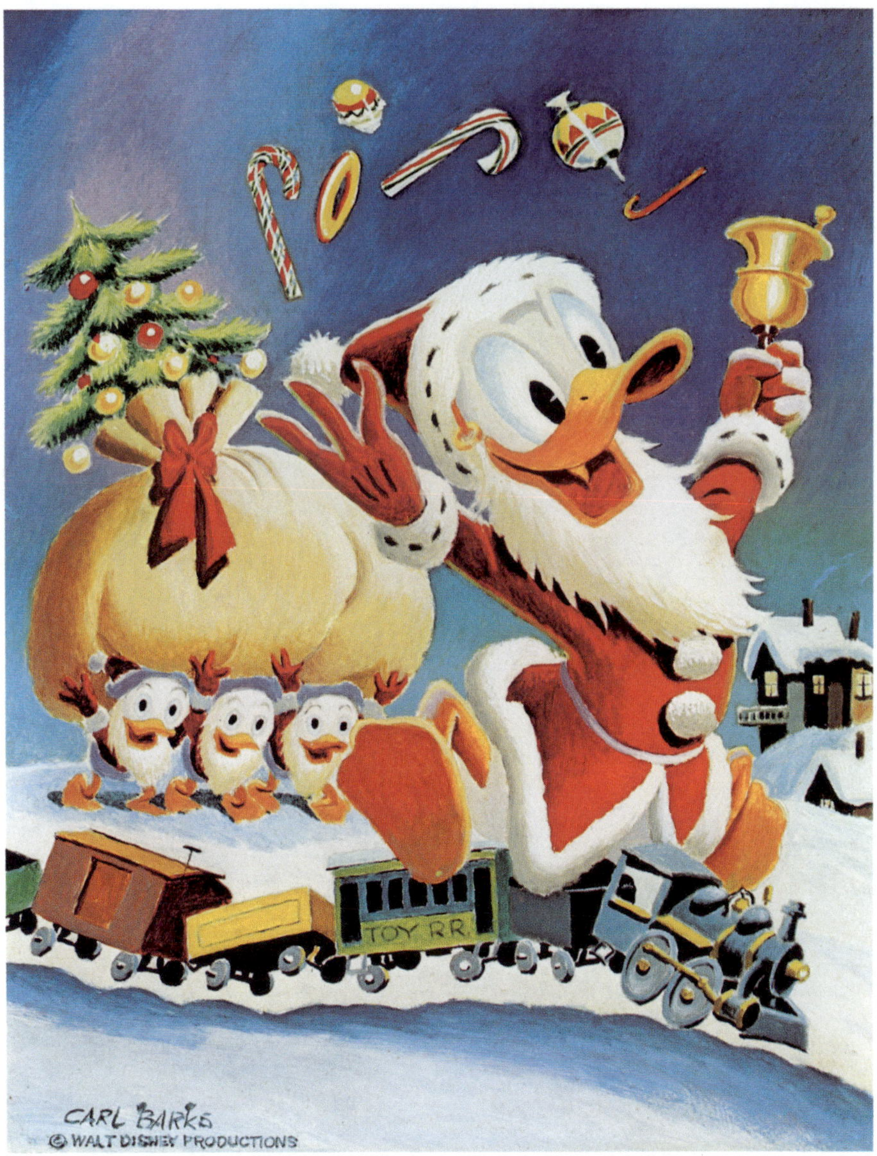

COMIC COLLECTION
EGMONT

INHALT

Zeichnungen und Text zu „Weihnachten für Kummersdorf": CARL BARKS

Erstveröffentlichung aller Geschichten:
DONALD DUCK FOUR COLOR (ONE SHOT) 367, DATIERT JANUAR 1952

Übersetzungen der Geschichten: DR. ERIKA FUCHS

Anmerkung: Die Skripte zu den Einseitern stammen nicht von Carl Barks, sondern von unbekannten Autoren.

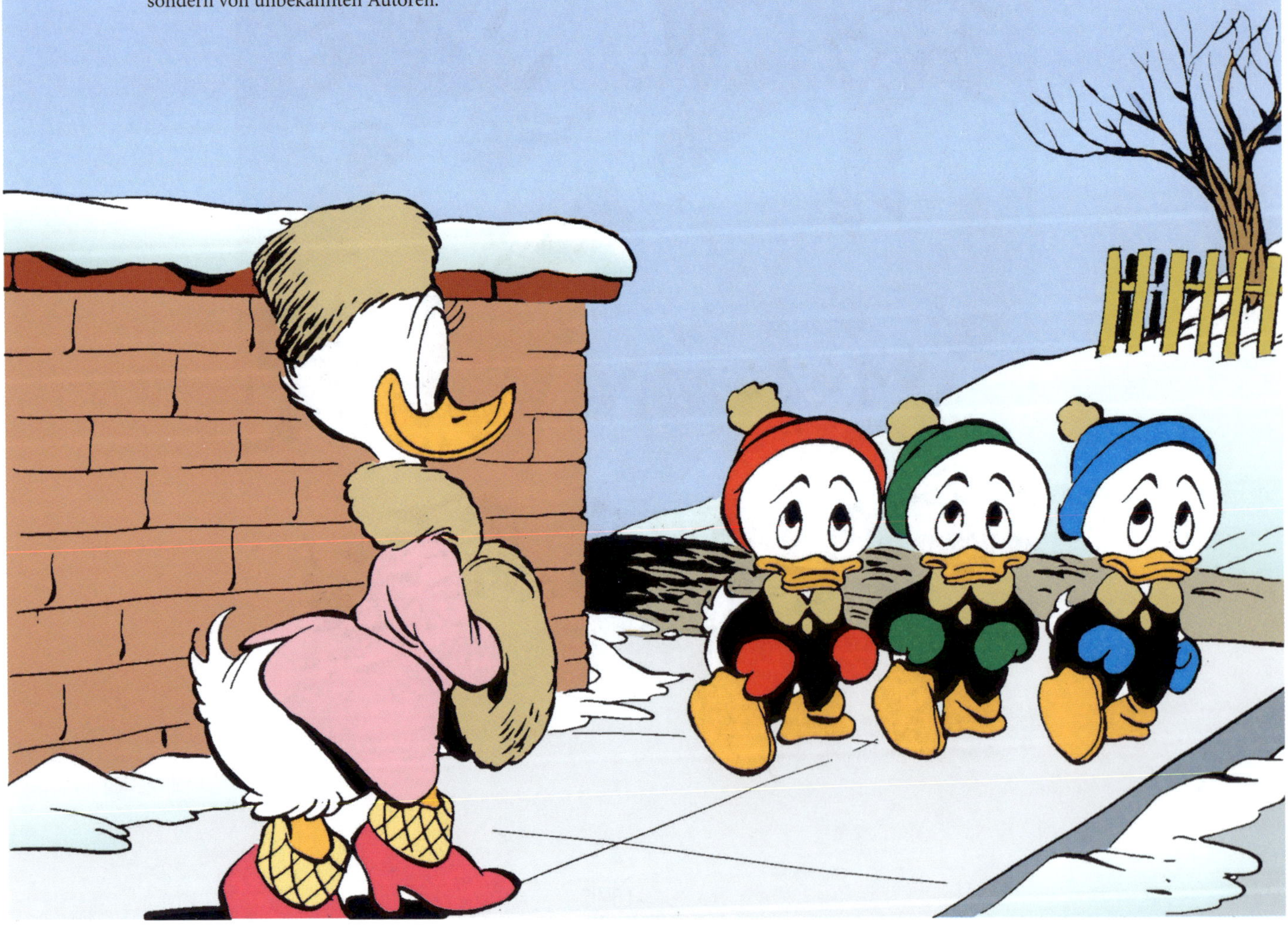

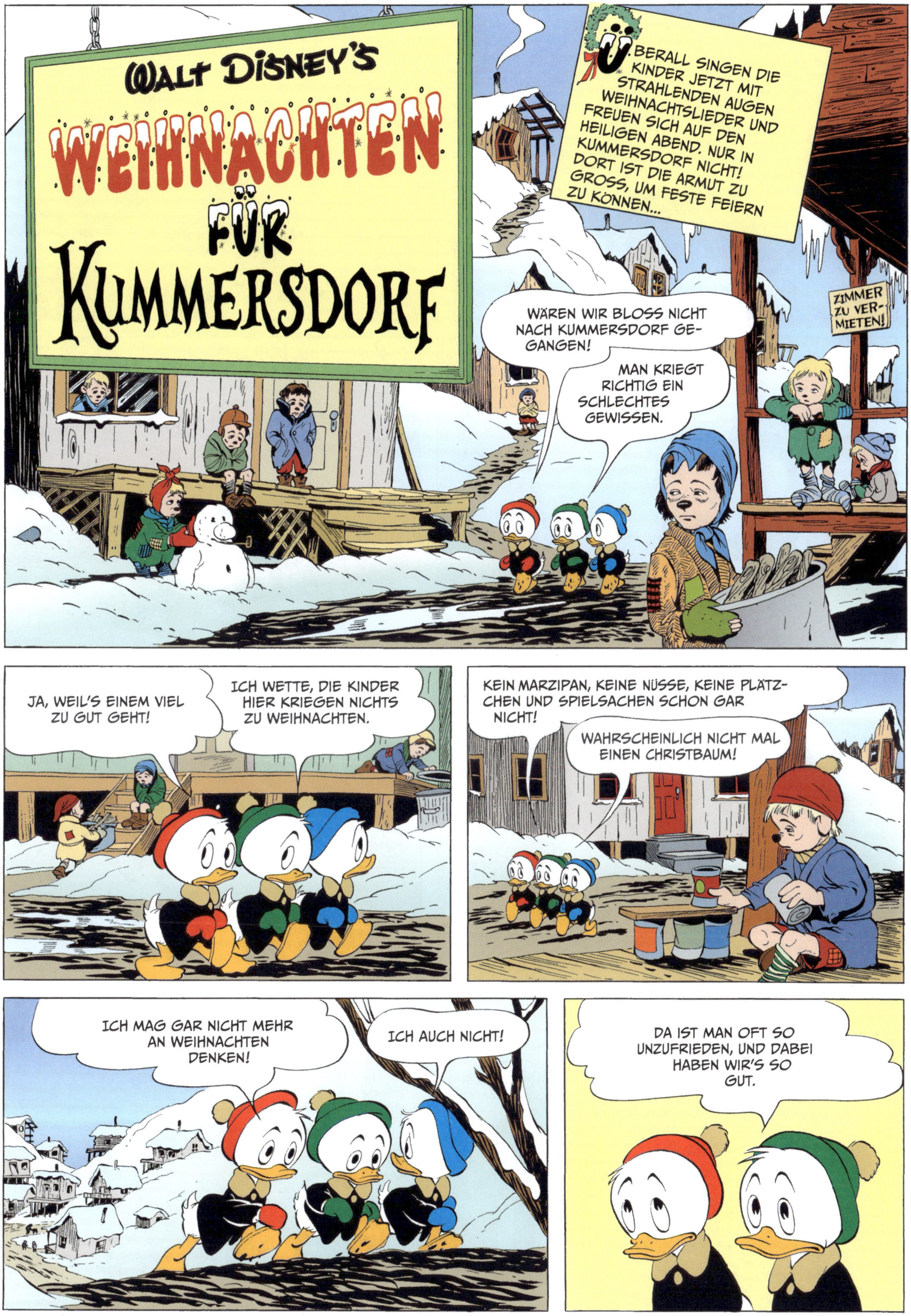
WALT DISNEY'S
WEIHNACHTEN FÜR KUMMERSDORF
ÜBERALL SINGEN DIE KINDER JETZT MIT STRAHLENDEN AUGEN WEIHNACHTSLIEDER UND FREUEN SICH AUF DEN HEILIGEN ABEND. NUR IN KUMMERSDORF NICHT! DORT IST DIE ARMUT ZU GROSS, UM FESTE FEIERN ZU KÖNNEN...
ZIMMER ZU VERMIETEN!
WÄREN WIR BLOSS NICHT NACH KUMMERSDORF GEGANGEN!
MAN KRIEGT RICHTIG EIN SCHLECHTES GEWISSEN.
JA, WEIL'S EINEM VIEL ZU GUT GEHT!
ICH WETTE, DIE KINDER HIER KRIEGEN NICHTS ZU WEIHNACHTEN.
KEIN MARZIPAN, KEINE NÜSSE, KEINE PLÄTZCHEN UND SPIELSACHEN SCHON GAR NICHT!
WAHRSCHEINLICH NICHT MAL EINEN CHRISTBAUM!
ICH MAG GAR NICHT MEHR AN WEIHNACHTEN DENKEN!
ICH AUCH NICHT!
DA IST MAN OFT SO UNZUFRIEDEN, UND DABEI HABEN WIR'S SO GUT.

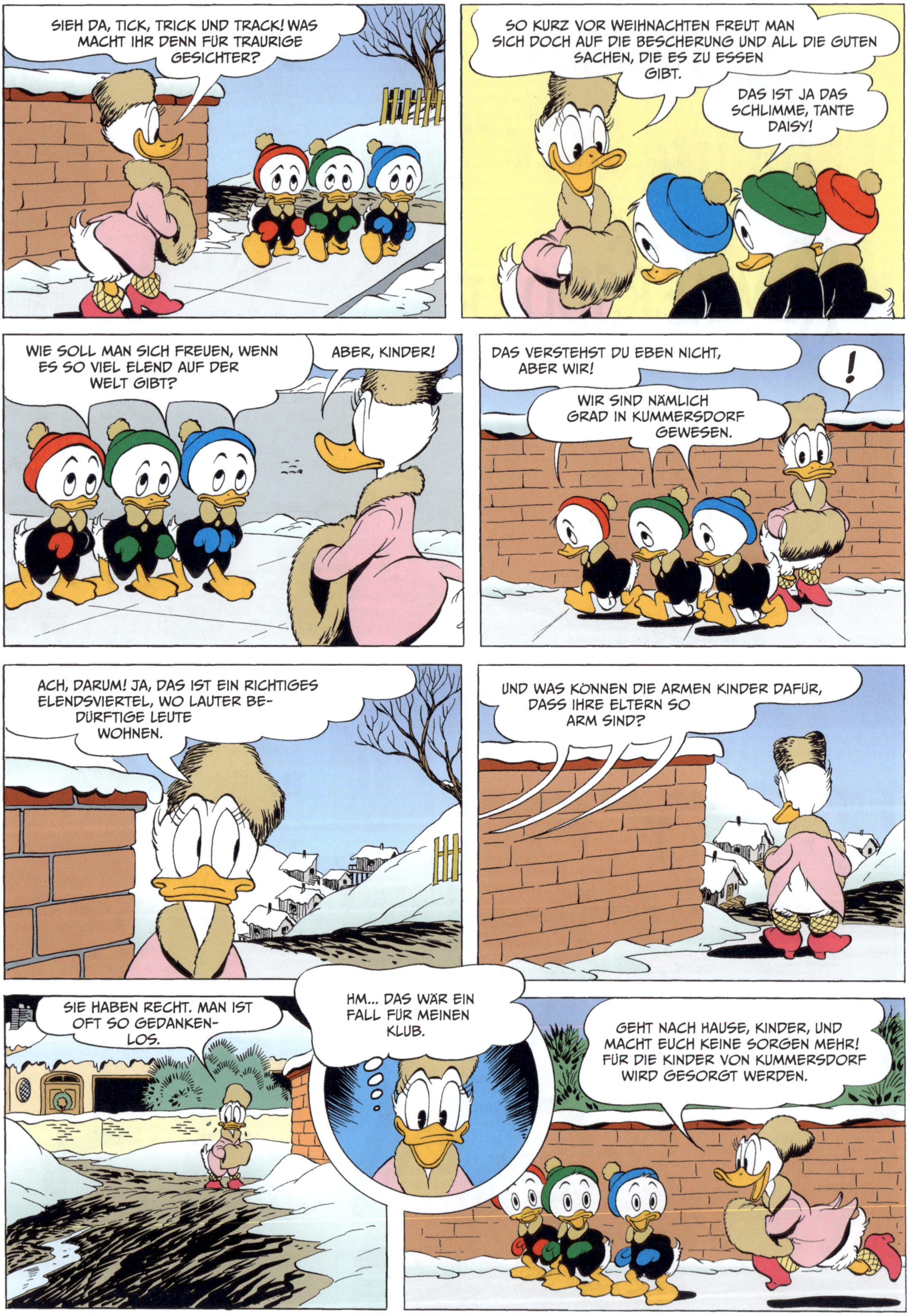
SIEH DA, TICK, TRICK UND TRACK! WAS MACHT IHR DENN FÜR TRAURIGE GESICHTER?
SO KURZ VOR WEIHNACHTEN FREUT MAN SICH DOCH AUF DIE BESCHERUNG UND ALL DIE GUTEN SACHEN, DIE ES ZU ESSEN GIBT.
DAS IST JA DAS SCHLIMME, TANTE DAISY!
WIE SOLL MAN SICH FREUEN, WENN ES SO VIEL ELEND AUF DER WELT GIBT?
ABER, KINDER!
DAS VERSTEHST DU EBEN NICHT, ABER WIR!
!
WIR SIND NÄMLICH GRAD IN KUMMERSDORF GEWESEN.
ACH, DARUM! JA, DAS IST EIN RICHTIGES ELENDSVIERTEL, WO LAUTER BEDÜRFTIGE LEUTE WOHNEN.
UND WAS KÖNNEN DIE ARMEN KINDER DAFÜR, DASS IHRE ELTERN SO ARM SIND?
SIE HABEN RECHT. MAN IST OFT SO GEDANKENLOS.
HM... DAS WÄR EIN FALL FÜR MEINEN KLUB.
GEHT NACH HAUSE, KINDER, UND MACHT EUCH KEINE SORGEN MEHR! FÜR DIE KINDER VON KUMMERSDORF WIRD GESORGT WERDEN.

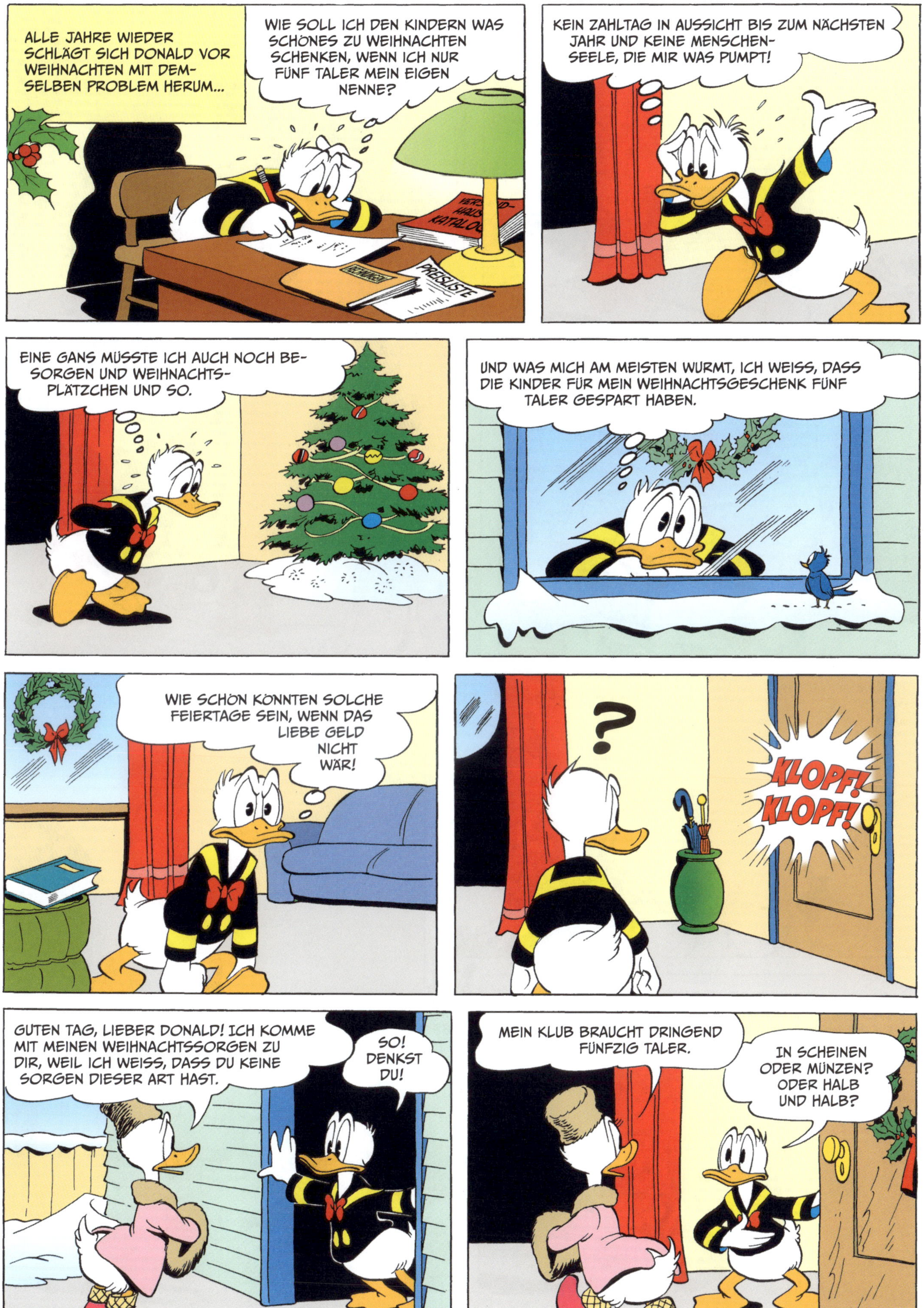
ALLE JAHRE WIEDER SCHLÄGT SICH DONALD VOR WEIHNACHTEN MIT DEM-SELBEN PROBLEM HERUM...
WIE SOLL ICH DEN KINDERN WAS SCHÖNES ZU WEIHNACHTEN SCHENKEN, WENN ICH NUR FÜNF TALER MEIN EIGEN NENNE?
PREISLISTE
KEIN ZAHLTAG IN AUSSICHT BIS ZUM NÄCHSTEN JAHR UND KEINE MENSCHEN-SEELE, DIE MIR WAS PUMPT!
EINE GANS MÜSSTE ICH AUCH NOCH BE-SORGEN UND WEIHNACHTS-PLÄTZCHEN UND SO.
UND WAS MICH AM MEISTEN WURMT, ICH WEISS, DASS DIE KINDER FÜR MEIN WEIHNACHTSGESCHENK FÜNF TALER GESPART HABEN.
WIE SCHÖN KÖNNTEN SOLCHE FEIERTAGE SEIN, WENN DAS LIEBE GELD NICHT WÄR!
?
KLOPF! KLOPF!
GUTEN TAG, LIEBER DONALD! ICH KOMME MIT MEINEN WEIHNACHTSSORGEN ZU DIR, WEIL ICH WEISS, DASS DU KEINE SORGEN DIESER ART HAST.
SO! DENKST DU!
MEIN KLUB BRAUCHT DRINGEND FÜNFZIG TALER.
IN SCHEINEN ODER MÜNZEN? ODER HALB UND HALB?

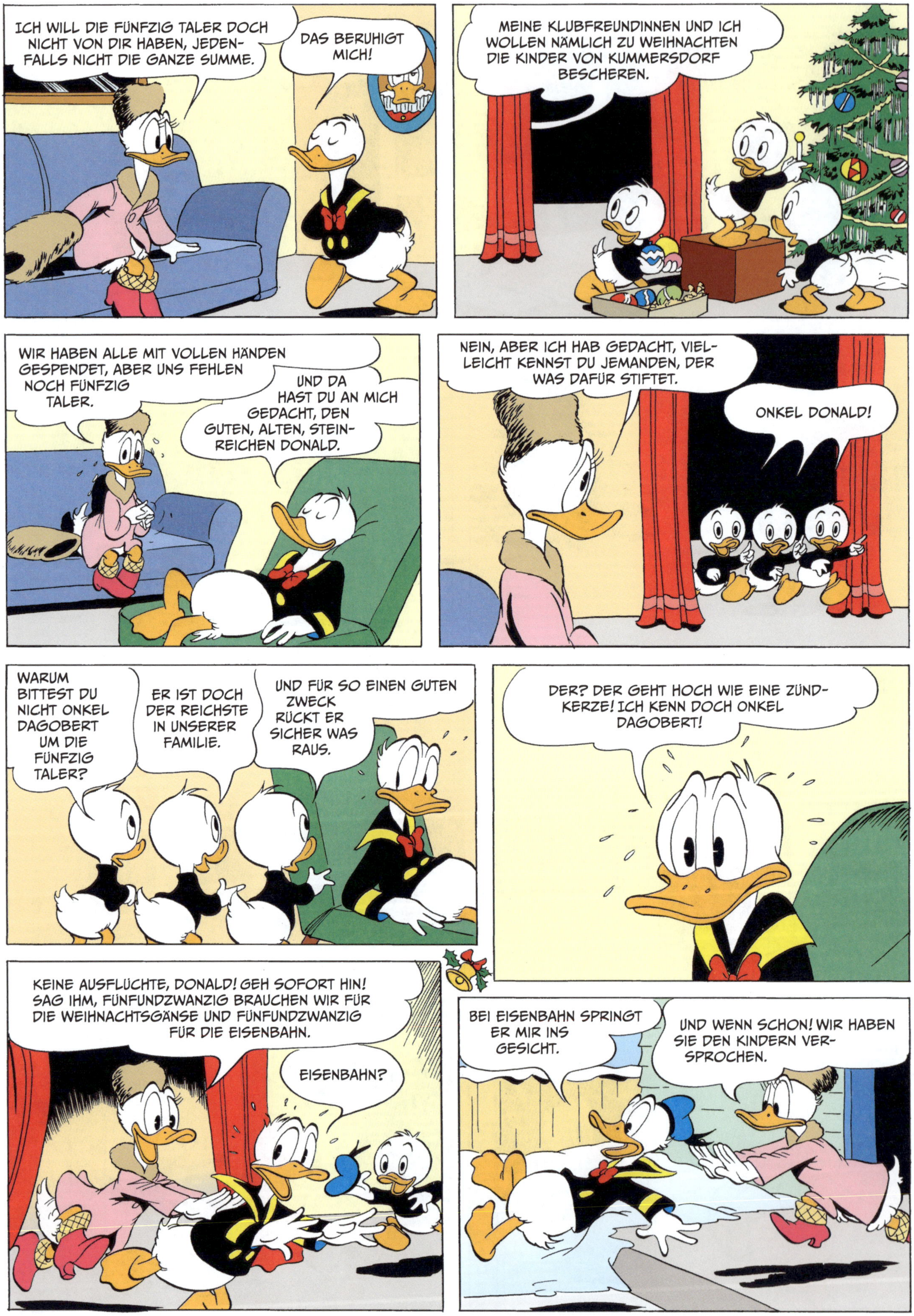
ICH WILL DIE FÜNFZIG TALER DOCH NICHT VON DIR HABEN, JEDENFALLS NICHT DIE GANZE SUMME.
DAS BERUHIGT MICH!
MEINE KLUBFREUNDINNEN UND ICH WOLLEN NÄMLICH ZU WEIHNACHTEN DIE KINDER VON KUMMERSDORF BESCHEREN.
WIR HABEN ALLE MIT VOLLEN HÄNDEN GESPENDET, ABER UNS FEHLEN NOCH FÜNFZIG TALER.
UND DA HAST DU AN MICH GEDACHT, DEN GUTEN, ALTEN, STEINREICHEN DONALD.
NEIN, ABER ICH HAB GEDACHT, VIELLEICHT KENNST DU JEMANDEN, DER WAS DAFÜR STIFTET.
ONKEL DONALD!
WARUM BITTEST DU NICHT ONKEL DAGOBERT UM DIE FÜNFZIG TALER?
ER IST DOCH DER REICHSTE IN UNSERER FAMILIE.
UND FÜR SO EINEN GUTEN ZWECK RÜCKT ER SICHER WAS RAUS.
DER? DER GEHT HOCH WIE EINE ZÜNDKERZE! ICH KENN DOCH ONKEL DAGOBERT!
KEINE AUSFLÜCHTE, DONALD! GEH SOFORT HIN! SAG IHM, FÜNFUNDZWANZIG BRAUCHEN WIR FÜR DIE WEIHNACHTSGÄNSE UND FÜNFUNDZWANZIG FÜR DIE EISENBAHN.
EISENBAHN?
BEI EISENBAHN SPRINGT ER MIR INS GESICHT.
UND WENN SCHON! WIR HABEN SIE DEN KINDERN VERSPROCHEN.

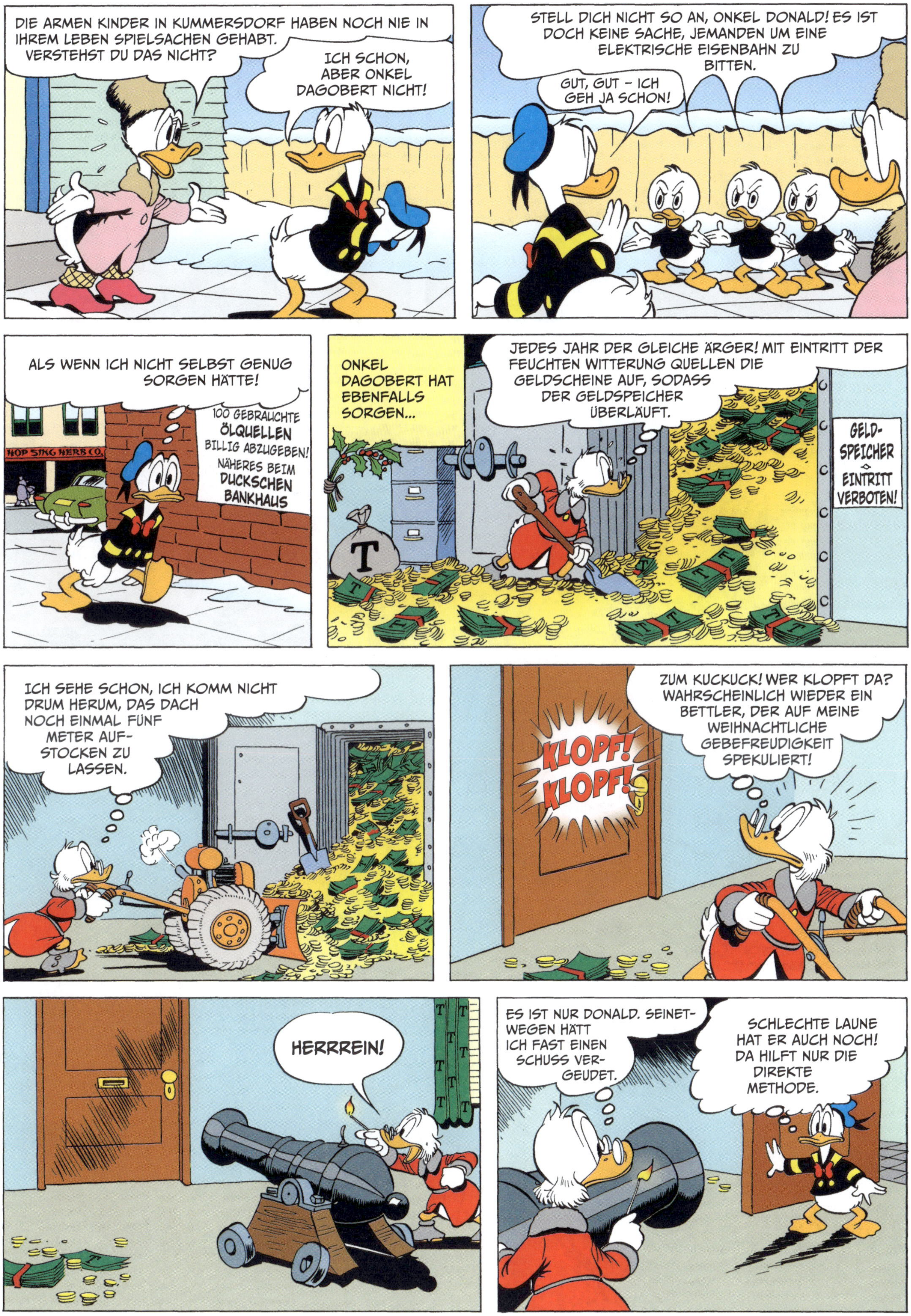
DIE ARMEN KINDER IN KUMMERSDORF HABEN NOCH NIE IN IHREM LEBEN SPIELSACHEN GEHABT. VERSTEHST DU DAS NICHT?
ICH SCHON, ABER ONKEL DAGOBERT NICHT!
STELL DICH NICHT SO AN, ONKEL DONALD! ES IST DOCH KEINE SACHE, JEMANDEN UM EINE ELEKTRISCHE EISENBAHN ZU BITTEN.
GUT, GUT – ICH GEH JA SCHON!
ALS WENN ICH NICHT SELBST GENUG SORGEN HÄTTE!
HOP SING HERB CO.
100 GEBRAUCHTE ÖLQUELLEN BILLIG ABZUGEBEN! NÄHERES BEIM DUCKSCHEN BANKHAUS
ONKEL DAGOBERT HAT EBENFALLS SORGEN...
JEDES JAHR DER GLEICHE ÄRGER! MIT EINTRITT DER FEUCHTEN WITTERUNG QUELLEN DIE GELDSCHEINE AUF, SODASS DER GELDSPEICHER ÜBERLÄUFT.
GELD-SPEICHER EINTRITT VERBOTEN!
ICH SEHE SCHON, ICH KOMM NICHT DRUM HERUM, DAS DACH NOCH EINMAL FÜNF METER AUF-STOCKEN ZU LASSEN.
KLOPF! KLOPF!
ZUM KUCKUCK! WER KLOPFT DA? WAHRSCHEINLICH WIEDER EIN BETTLER, DER AUF MEINE WEIHNACHTLICHE GEBEFREUDIGKEIT SPEKULIERT!
HERRREIN!
ES IST NUR DONALD. SEINET-WEGEN HÄTT ICH FAST EINEN SCHUSS VER-GEUDET.
SCHLECHTE LAUNE HAT ER AUCH NOCH! DA HILFT NUR DIE DIREKTE METHODE.

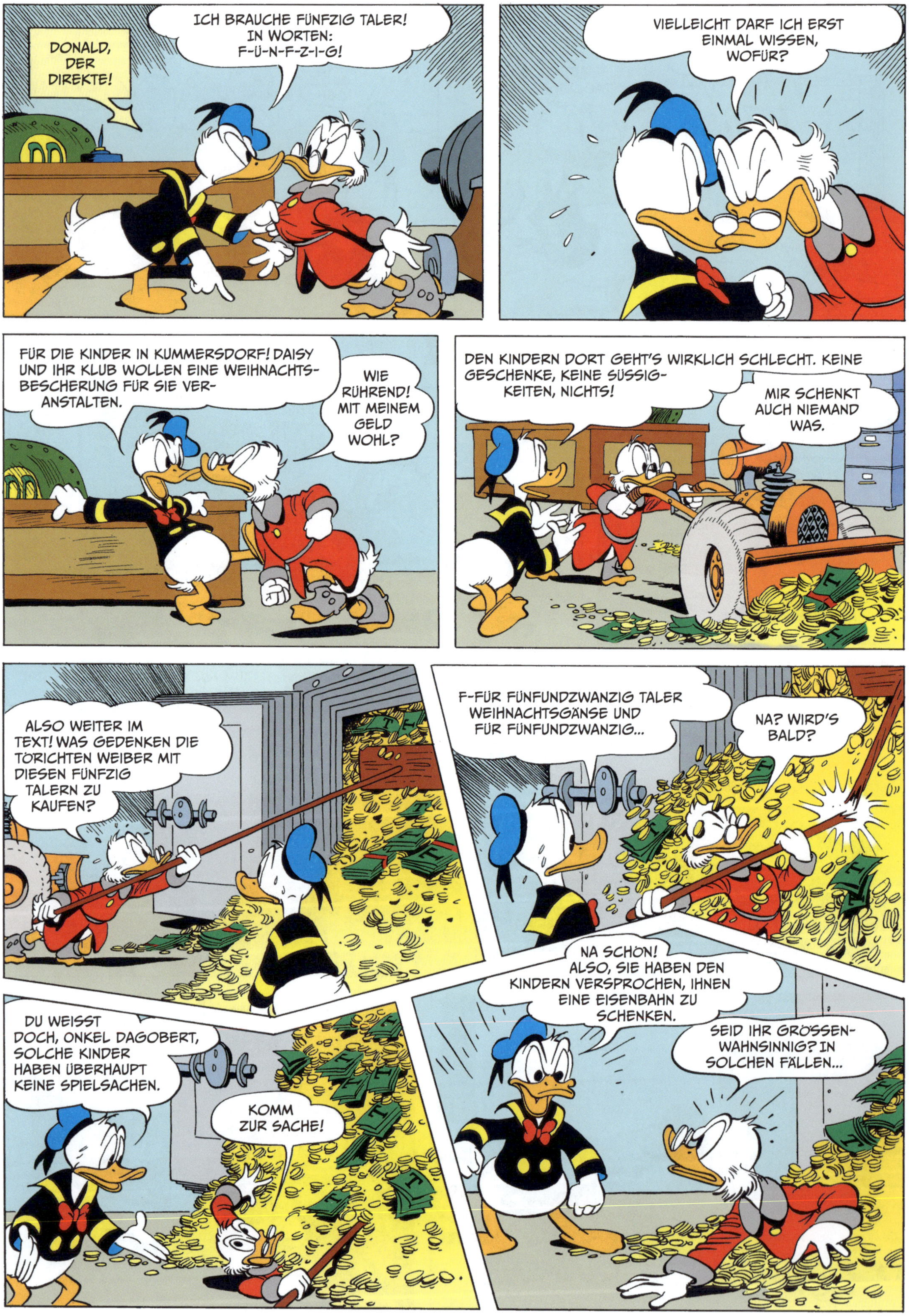

DONALD, DER DIREKTE!
ICH BRAUCHE FÜNFZIG TALER! IN WORTEN: F-Ü-N-F-Z-I-G!
VIELLEICHT DARF ICH ERST EINMAL WISSEN, WOFÜR?
FÜR DIE KINDER IN KUMMERSDORF! DAISY UND IHR KLUB WOLLEN EINE WEIHNACHTS-BESCHERUNG FÜR SIE VER-ANSTALTEN.
WIE RÜHREND! MIT MEINEM GELD WOHL?
DEN KINDERN DORT GEHT'S WIRKLICH SCHLECHT. KEINE GESCHENKE, KEINE SÜSSIG-KEITEN, NICHTS!
MIR SCHENKT AUCH NIEMAND WAS.
ALSO WEITER IM TEXT! WAS GEDENKEN DIE TÖRICHTEN WEIBER MIT DIESEN FÜNFZIG TALERN ZU KAUFEN?
F-FÜR FÜNFUNDZWANZIG TALER WEIHNACHTSGÄNSE UND FÜR FÜNFUNDZWANZIG...
NA? WIRD'S BALD?
DU WEISST DOCH, ONKEL DAGOBERT, SOLCHE KINDER HABEN ÜBERHAUPT KEINE SPIELSACHEN.
KOMM ZUR SACHE!
NA SCHÖN! ALSO, SIE HABEN DEN KINDERN VERSPROCHEN, IHNEN EINE EISENBAHN ZU SCHENKEN.
SEID IHR GRÖSSEN-WAHNSINNIG? IN SOLCHEN FÄLLEN...

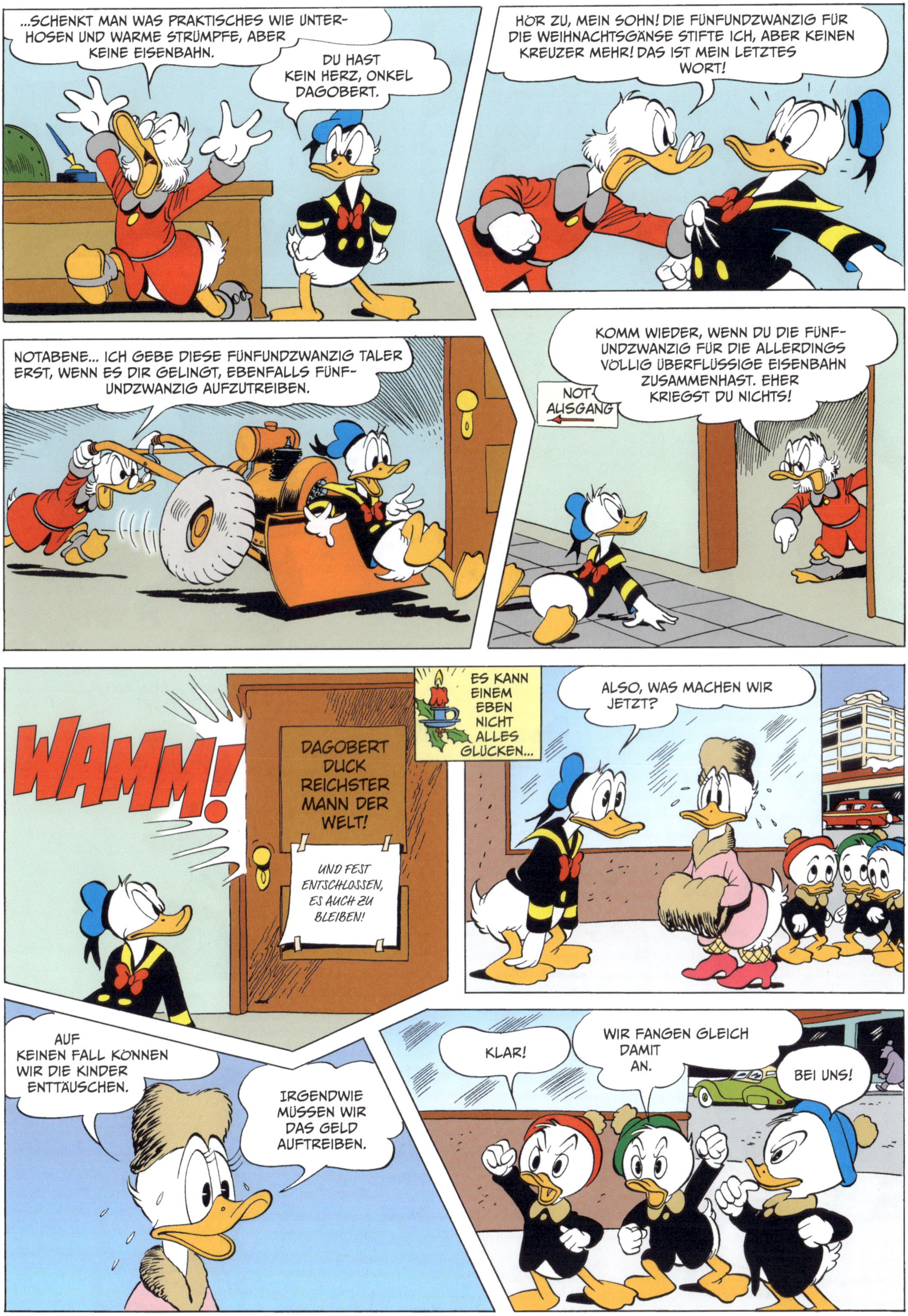

...SCHENKT MAN WAS PRAKTISCHES WIE UNTERHOSEN UND WARME STRÜMPFE, ABER KEINE EISENBAHN.
DU HAST KEIN HERZ, ONKEL DAGOBERT.
HÖR ZU, MEIN SOHN! DIE FÜNFUNDZWANZIG FÜR DIE WEIHNACHTSGÄNSE STIFTE ICH, ABER KEINEN KREUZER MEHR! DAS IST MEIN LETZTES WORT!
NOTABENE... ICH GEBE DIESE FÜNFUNDZWANZIG TALER ERST, WENN ES DIR GELINGT, EBENFALLS FÜNFUNDZWANZIG AUFZUTREIBEN.
NOT-AUSGANG
KOMM WIEDER, WENN DU DIE FÜNFUNDZWANZIG FÜR DIE ALLERDINGS VÖLLIG ÜBERFLÜSSIGE EISENBAHN ZUSAMMENHAST. EHER KRIEGST DU NICHTS!
WAMM!
DAGOBERT DUCK REICHSTER MANN DER WELT!
UND FEST ENTSCHLOSSEN, ES AUCH ZU BLEIBEN!
ES KANN EINEM EBEN NICHT ALLES GLÜCKEN...
ALSO, WAS MACHEN WIR JETZT?
AUF KEINEN FALL KÖNNEN WIR DIE KINDER ENTTÄUSCHEN.
IRGENDWIE MÜSSEN WIR DAS GELD AUFTREIBEN.
KLAR!
WIR FANGEN GLEICH DAMIT AN.
BEI UNS!

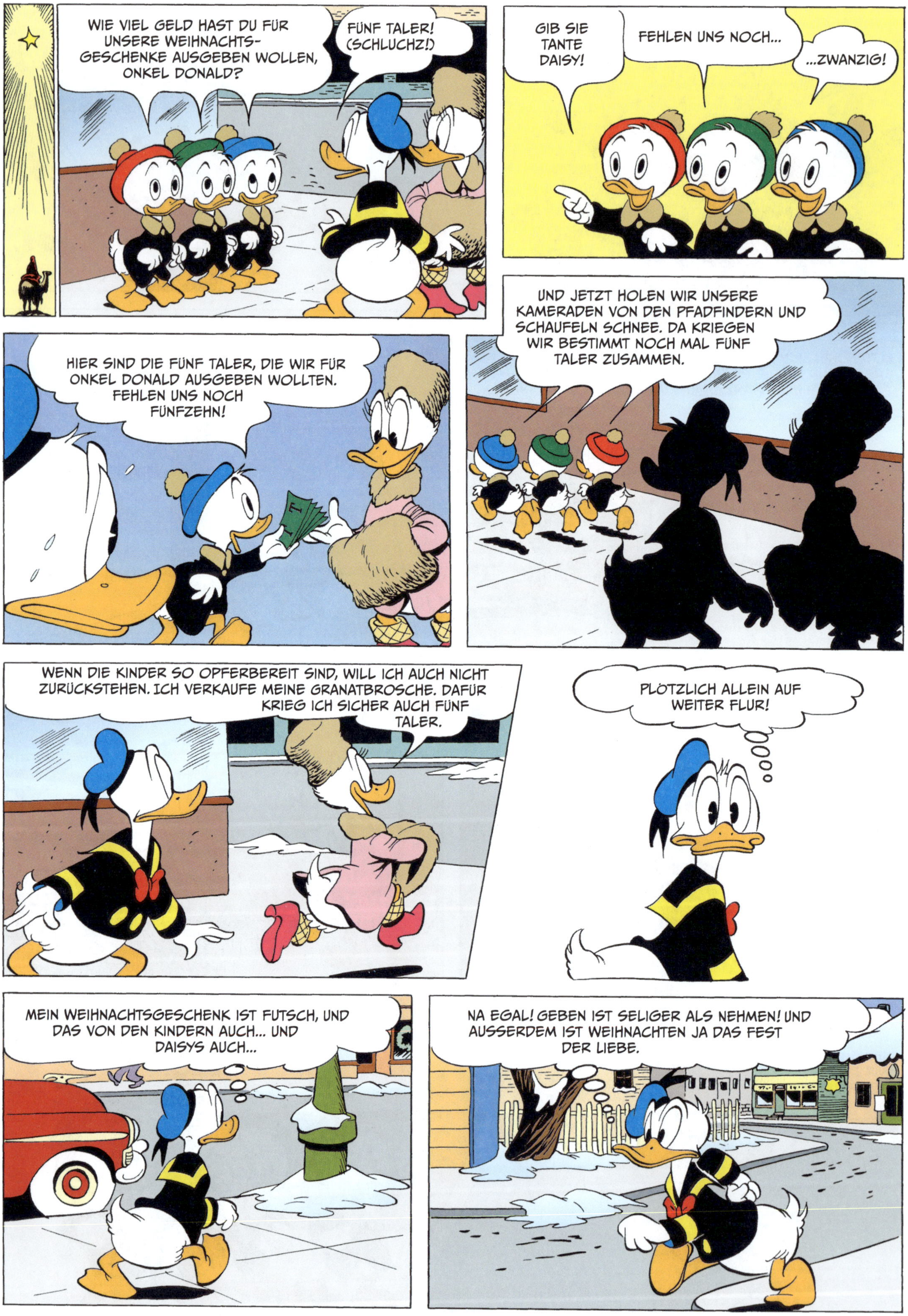
WIE VIEL GELD HAST DU FÜR UNSERE WEIHNACHTS-GESCHENKE AUSGEBEN WOLLEN, ONKEL DONALD?
FÜNF TALER! (SCHLUCHZ!)
GIB SIE TANTE DAISY!
FEHLEN UNS NOCH...
...ZWANZIG!
HIER SIND DIE FÜNF TALER, DIE WIR FÜR ONKEL DONALD AUSGEBEN WOLLTEN. FEHLEN UNS NOCH FÜNFZEHN!
UND JETZT HOLEN WIR UNSERE KAMERADEN VON DEN PFADFINDERN UND SCHAUFELN SCHNEE. DA KRIEGEN WIR BESTIMMT NOCH MAL FÜNF TALER ZUSAMMEN.
WENN DIE KINDER SO OPFERBEREIT SIND, WILL ICH AUCH NICHT ZURÜCKSTEHEN. ICH VERKAUFE MEINE GRANATBROSCHE. DAFÜR KRIEG ICH SICHER AUCH FÜNF TALER.
PLÖTZLICH ALLEIN AUF WEITER FLUR!
MEIN WEIHNACHTSGESCHENK IST FUTSCH, UND DAS VON DEN KINDERN AUCH... UND DAISYS AUCH...
NA EGAL! GEBEN IST SELIGER ALS NEHMEN! UND AUSSERDEM IST WEIHNACHTEN JA DAS FEST DER LIEBE.

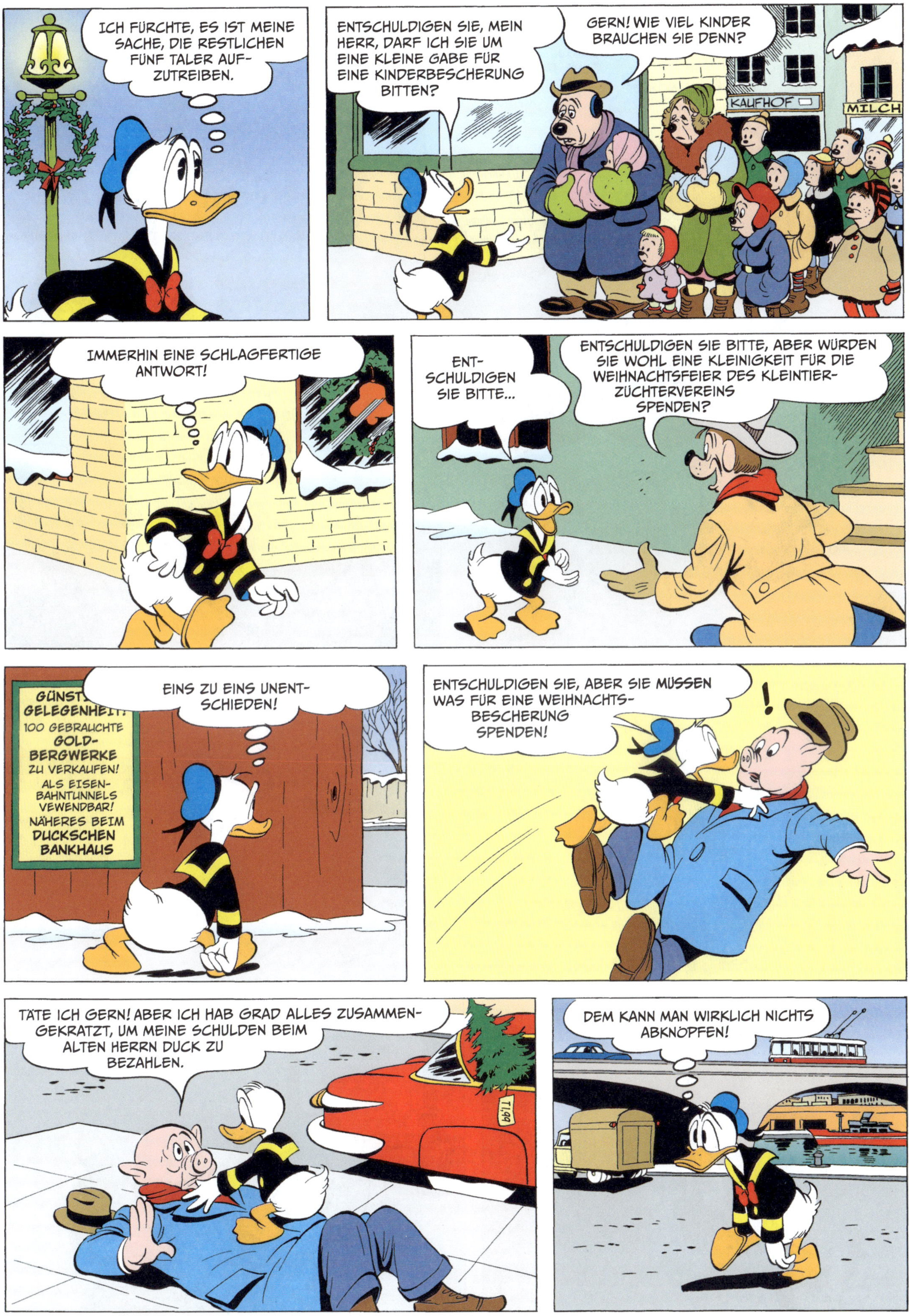
ICH FÜRCHTE, ES IST MEINE SACHE, DIE RESTLICHEN FÜNF TALER AUFZUTREIBEN.
ENTSCHULDIGEN SIE, MEIN HERR, DARF ICH SIE UM EINE KLEINE GABE FÜR EINE KINDERBESCHERUNG BITTEN?
GERN! WIE VIEL KINDER BRAUCHEN SIE DENN?
KAUFHOF
MILCH
IMMERHIN EINE SCHLAGFERTIGE ANTWORT!
ENTSCHULDIGEN SIE BITTE...
ENTSCHULDIGEN SIE BITTE, ABER WÜRDEN SIE WOHL EINE KLEINIGKEIT FÜR DIE WEIHNACHTSFEIER DES KLEINTIERZÜCHTERVEREINS SPENDEN?
EINS ZU EINS UNENTSCHIEDEN!
100 GEBRAUCHTE GOLDBERGWERKE ZU VERKAUFEN! ALS EISENBAHNTUNNELS VEWENDBAR! NÄHERES BEIM DUCKSCHEN BANKHAUS
ENTSCHULDIGEN SIE, ABER SIE MÜSSEN WAS FÜR EINE WEIHNACHTSBESCHERUNG SPENDEN!
!
TÄTE ICH GERN! ABER ICH HAB GRAD ALLES ZUSAMMENGEKRATZT, UM MEINE SCHULDEN BEIM ALTEN HERRN DUCK ZU BEZAHLEN.
DEM KANN MAN WIRKLICH NICHTS ABKNÖPFEN!

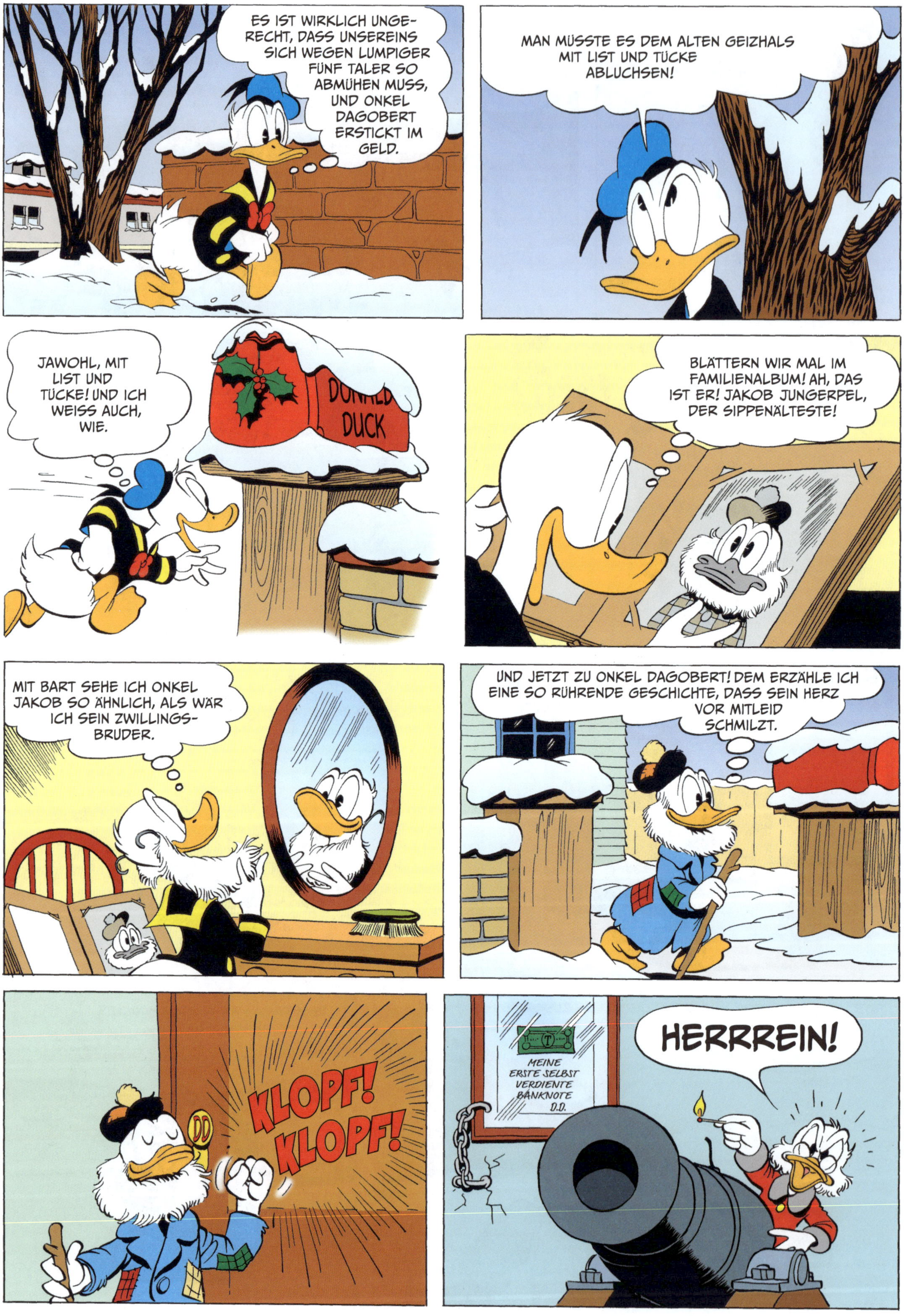
ES IST WIRKLICH UNGERECHT, DASS UNSEREINS SICH WEGEN LUMPIGER FÜNF TALER SO ABMÜHEN MUSS, UND ONKEL DAGOBERT ERSTICKT IM GELD.
MAN MÜSSTE ES DEM ALTEN GEIZHALS MIT LIST UND TÜCKE ABLUCHSEN!
JAWOHL, MIT LIST UND TÜCKE! UND ICH WEISS AUCH, WIE.
DONALD DUCK
BLÄTTERN WIR MAL IM FAMILIENALBUM! AH, DAS IST ER! JAKOB JUNGERPEL, DER SIPPENÄLTESTE!
MIT BART SEHE ICH ONKEL JAKOB SO ÄHNLICH, ALS WÄR ICH SEIN ZWILLINGSBRUDER.
UND JETZT ZU ONKEL DAGOBERT! DEM ERZÄHLE ICH EINE SO RÜHRENDE GESCHICHTE, DASS SEIN HERZ VOR MITLEID SCHMILZT.
DD
KLOPF! KLOPF!
MEINE ERSTE SELBST VERDIENTE BANKNOTE D.D.
HERRREIN!

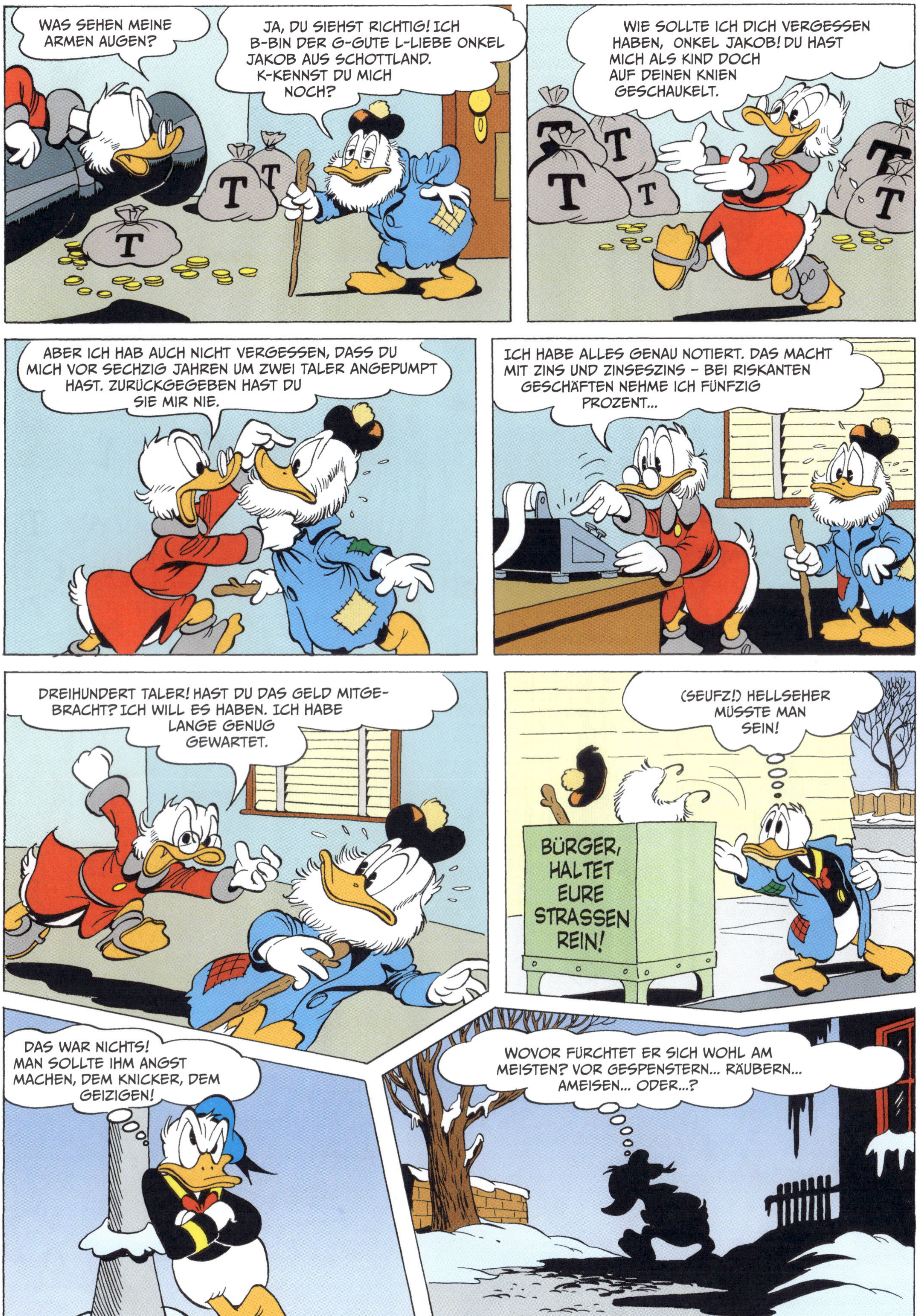
WAS SEHEN MEINE ARMEN AUGEN?
JA, DU SIEHST RICHTIG! ICH B-BIN DER G-GUTE L-LIEBE ONKEL JAKOB AUS SCHOTTLAND. K-KENNST DU MICH NOCH?
WIE SOLLTE ICH DICH VERGESSEN HABEN, ONKEL JAKOB! DU HAST MICH ALS KIND DOCH AUF DEINEN KNIEN GESCHAUKELT.
ABER ICH HAB AUCH NICHT VERGESSEN, DASS DU MICH VOR SECHZIG JAHREN UM ZWEI TALER ANGEPUMPT HAST. ZURÜCKGEGEBEN HAST DU SIE MIR NIE.
ICH HABE ALLES GENAU NOTIERT. DAS MACHT MIT ZINS UND ZINSESZINS – BEI RISKANTEN GESCHÄFTEN NEHME ICH FÜNFZIG PROZENT...
DREIHUNDERT TALER! HAST DU DAS GELD MITGEBRACHT? ICH WILL ES HABEN. ICH HABE LANGE GENUG GEWARTET.
(SEUFZ!) HELLSEHER MÜSSTE MAN SEIN!
BÜRGER, HALTET EURE STRASSEN REIN!
DAS WAR NICHTS! MAN SOLLTE IHM ANGST MACHEN, DEM KNICKER, DEM GEIZIGEN!
WOVOR FÜRCHTET ER SICH WOHL AM MEISTEN? VOR GESPENSTERN... RÄUBERN... AMEISEN... ODER...?

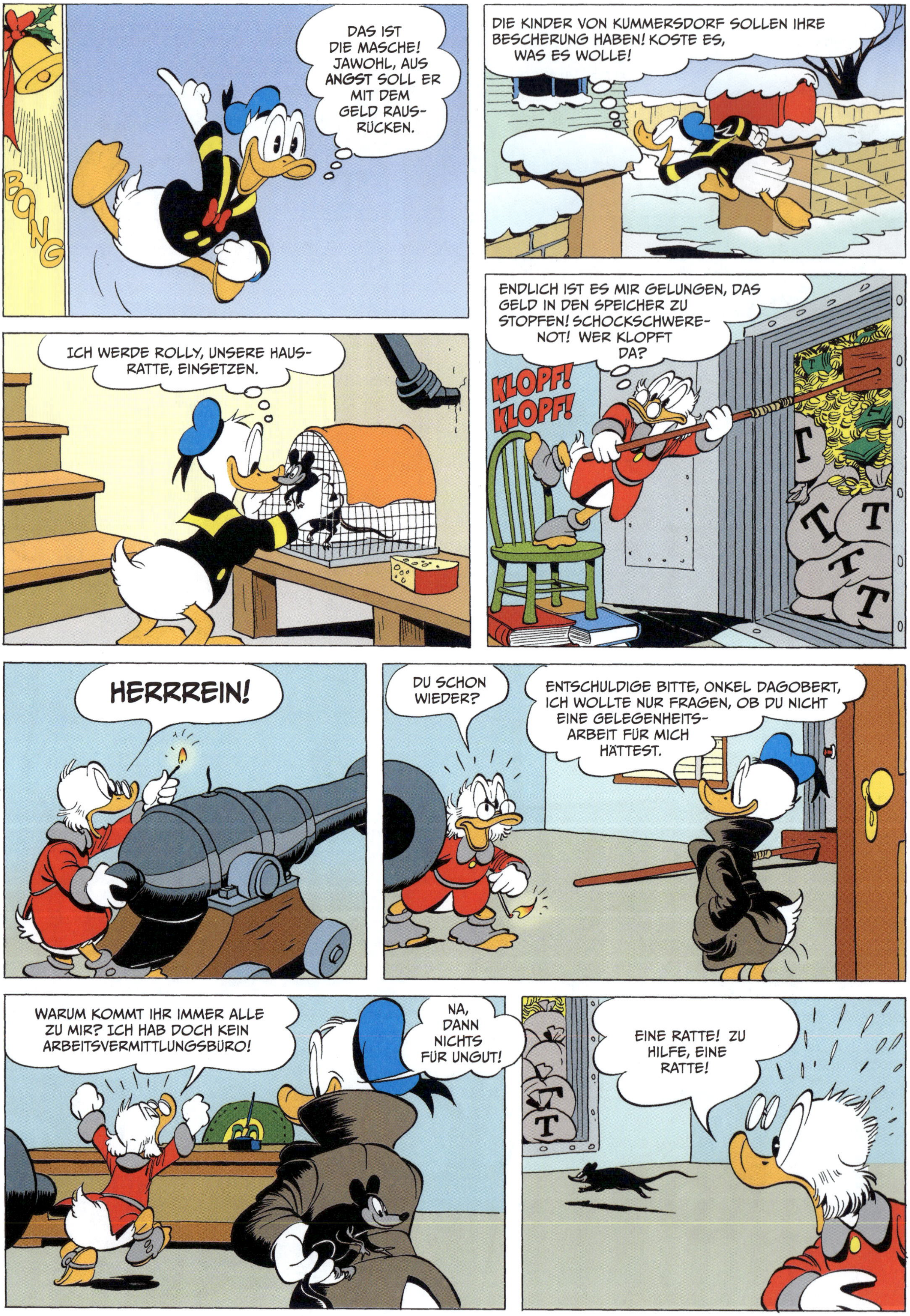

BONG
DAS IST DIE MASCHE! JAWOHL, AUS ANGST SOLL ER MIT DEM GELD RAUS-RÜCKEN.
DIE KINDER VON KUMMERSDORF SOLLEN IHRE BESCHERUNG HABEN! KOSTE ES, WAS ES WOLLE!
ICH WERDE ROLLY, UNSERE HAUS-RATTE, EINSETZEN.
ENDLICH IST ES MIR GELUNGEN, DAS GELD IN DEN SPEICHER ZU STOPFEN! SCHOCKSCHWERE-NOT! WER KLOPFT DA?
KLOPF! KLOPF!
HERRREIN!
DU SCHON WIEDER?
ENTSCHULDIGE BITTE, ONKEL DAGOBERT, ICH WOLLTE NUR FRAGEN, OB DU NICHT EINE GELEGENHEITS-ARBEIT FÜR MICH HÄTTEST.
WARUM KOMMT IHR IMMER ALLE ZU MIR? ICH HAB DOCH KEIN ARBEITSVERMITTLUNGSBÜRO!
NA, DANN NICHTS FÜR UNGUT!
EINE RATTE! ZU HILFE, EINE RATTE!

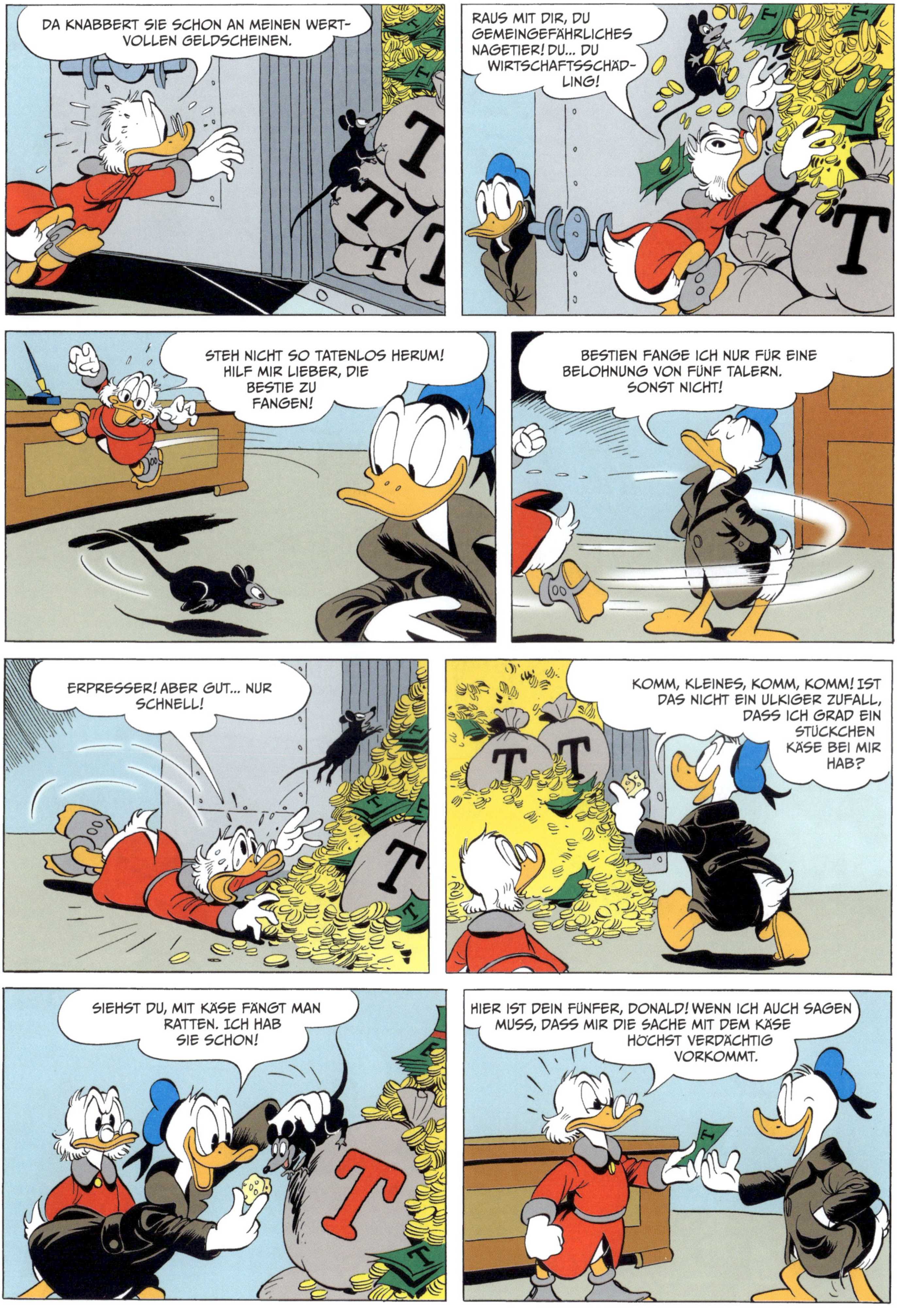
DA KNABBERT SIE SCHON AN MEINEN WERT-VOLLEN GELDSCHEINEN.
RAUS MIT DIR, DU GEMEINGEFÄHRLICHES NAGETIER! DU... DU WIRTSCHAFTSSCHÄD-LING!
STEH NICHT SO TATENLOS HERUM! HILF MIR LIEBER, DIE BESTIE ZU FANGEN!
BESTIEN FANGE ICH NUR FÜR EINE BELOHNUNG VON FÜNF TALERN. SONST NICHT!
ERPRESSER! ABER GUT... NUR SCHNELL!
KOMM, KLEINES, KOMM, KOMM! IST DAS NICHT EIN ULKIGER ZUFALL, DASS ICH GRAD EIN STÜCKCHEN KÄSE BEI MIR HAB?
SIEHST DU, MIT KÄSE FÄNGT MAN RATTEN. ICH HAB SIE SCHON!
HIER IST DEIN FÜNFER, DONALD! WENN ICH AUCH SAGEN MUSS, DASS MIR DIE SACHE MIT DEM KÄSE HÖCHST VERDÄCHTIG VORKOMMT.

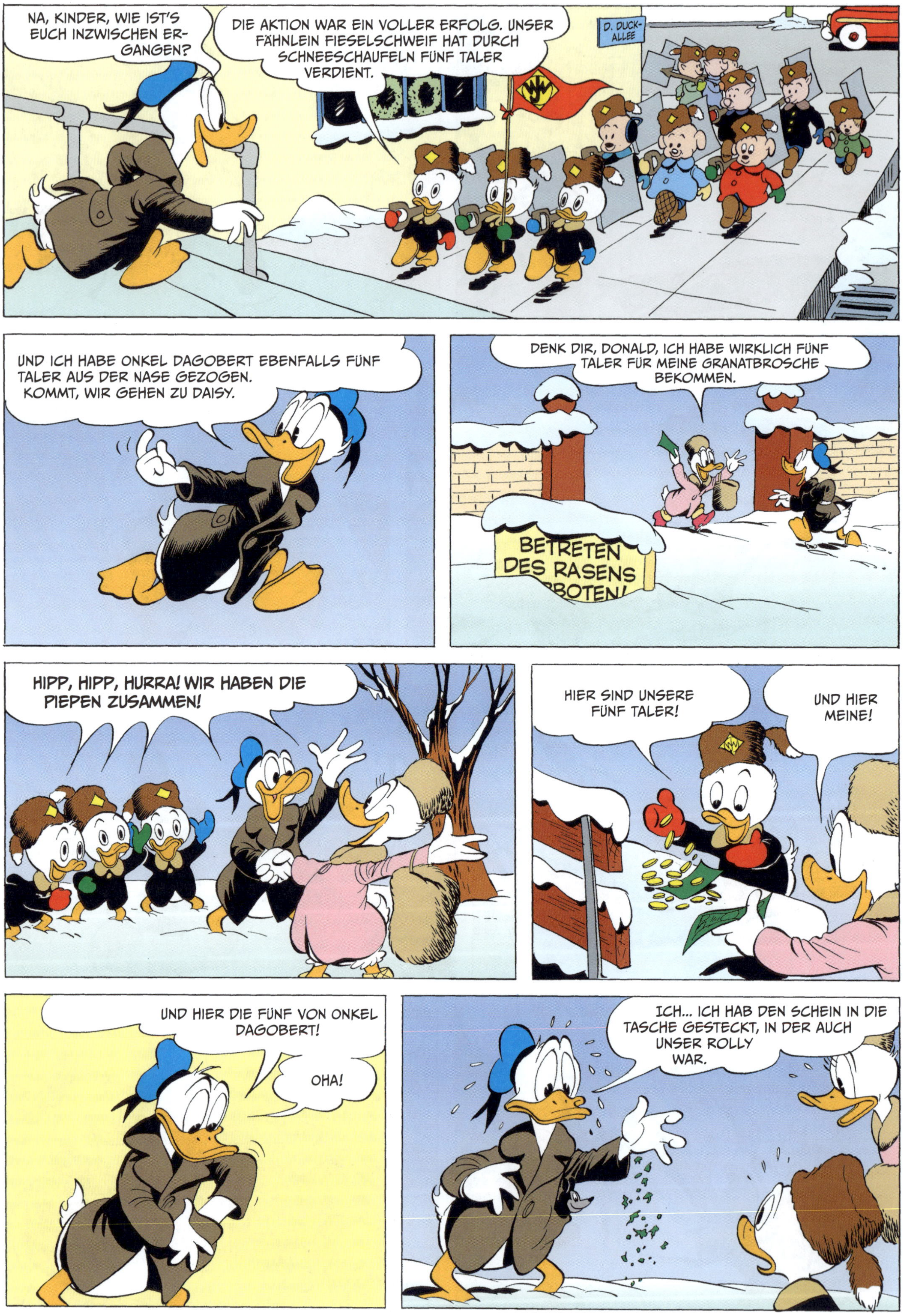

NA, KINDER, WIE IST'S EUCH INZWISCHEN ERGANGEN?
DIE AKTION WAR EIN VOLLER ERFOLG. UNSER FÄHNLEIN FIESELSCHWEIF HAT DURCH SCHNEESCHAUFELN FÜNF TALER VERDIENT.
D. DUCK-ALLEE
UND ICH HABE ONKEL DAGOBERT EBENFALLS FÜNF TALER AUS DER NASE GEZOGEN. KOMMT, WIR GEHEN ZU DAISY.
DENK DIR, DONALD, ICH HABE WIRKLICH FÜNF TALER FÜR MEINE GRANATBROSCHE BEKOMMEN.
BETRETEN DES RASENS
HIPP, HIPP, HURRA! WIR HABEN DIE PIEPEN ZUSAMMEN!
HIER SIND UNSERE FÜNF TALER!
UND HIER MEINE!
UND HIER DIE FÜNF VON ONKEL DAGOBERT!
OHA!
ICH... ICH HAB DEN SCHEIN IN DIE TASCHE GESTECKT, IN DER AUCH UNSER ROLLY WAR.

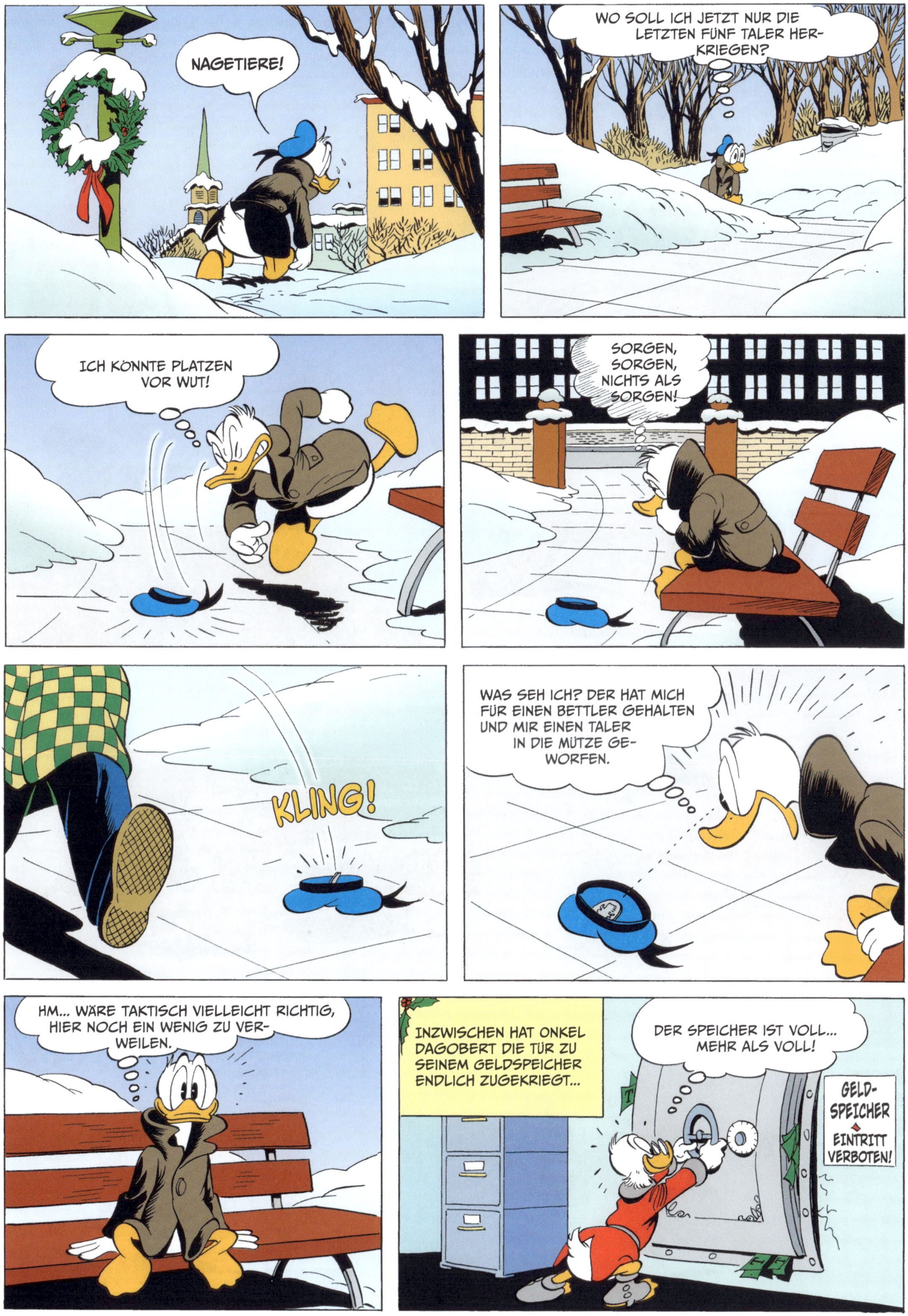
NAGETIERE!
WO SOLL ICH JETZT NUR DIE LETZTEN FÜNF TALER HER-KRIEGEN?
ICH KÖNNTE PLATZEN VOR WUT!
SORGEN, SORGEN, NICHTS ALS SORGEN!
KLING!
WAS SEH ICH? DER HAT MICH FÜR EINEN BETTLER GEHALTEN UND MIR EINEN TALER IN DIE MÜTZE GE-WORFEN.
HM... WÄRE TAKTISCH VIELLEICHT RICHTIG, HIER NOCH EIN WENIG ZU VER-WEILEN.
INZWISCHEN HAT ONKEL DAGOBERT DIE TÜR ZU SEINEM GELDSPEICHER ENDLICH ZUGEKRIEGT...
DER SPEICHER IST VOLL... MEHR ALS VOLL!
GELD-SPEICHER
EINTRITT VERBOTEN!

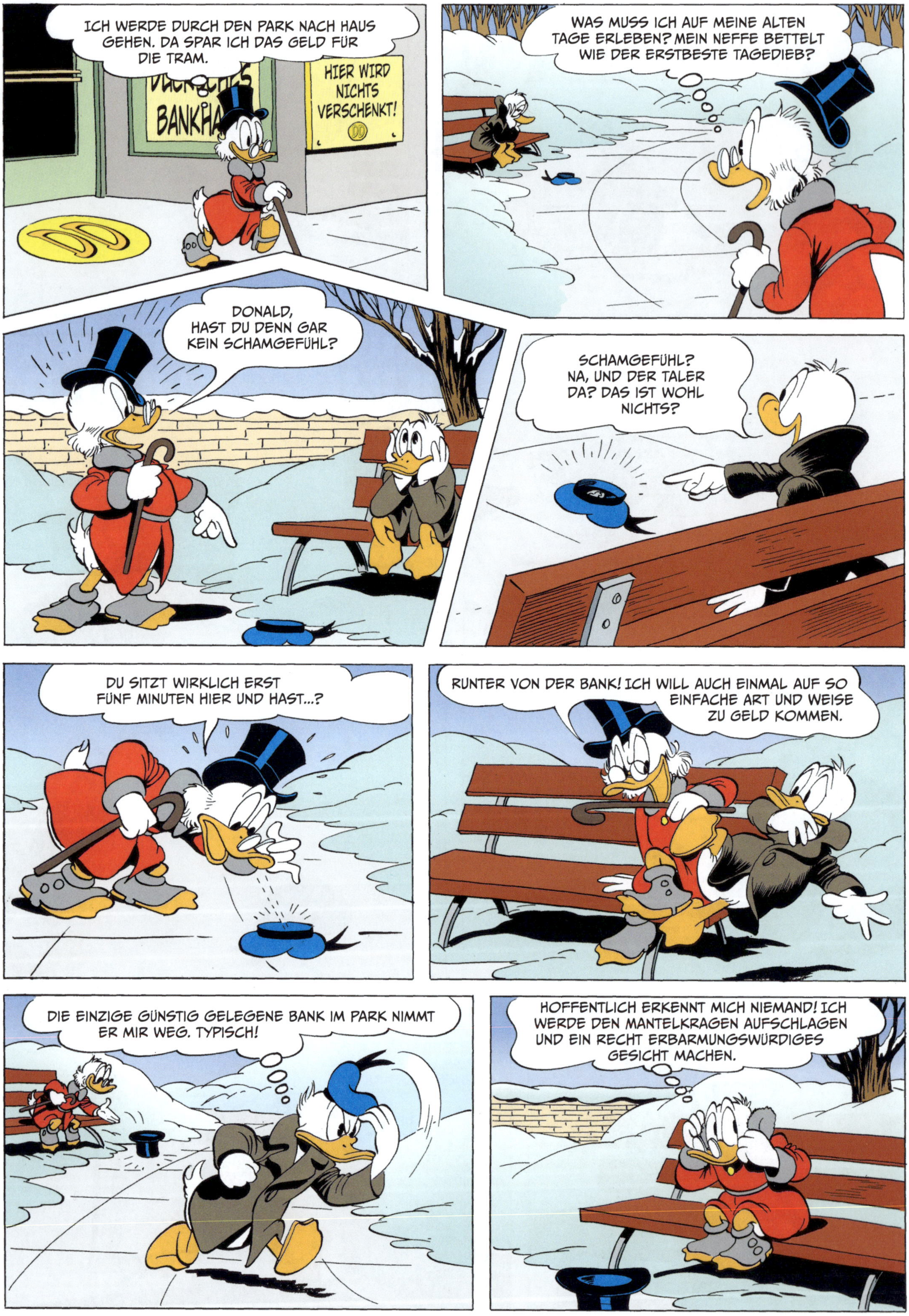
ICH WERDE DURCH DEN PARK NACH HAUS GEHEN. DA SPAR ICH DAS GELD FÜR DIE TRAM.
HIER WIRD NICHTS VERSCHENKT!
WAS MUSS ICH AUF MEINE ALTEN TAGE ERLEBEN? MEIN NEFFE BETTELT WIE DER ERSTBESTE TAGEDIEB?
DONALD, HAST DU DENN GAR KEIN SCHAMGEFÜHL?
SCHAMGEFÜHL? NA, UND DER TALER DA? DAS IST WOHL NICHTS?
DU SITZT WIRKLICH ERST FÜNF MINUTEN HIER UND HAST...?
RUNTER VON DER BANK! ICH WILL AUCH EINMAL AUF SO EINFACHE ART UND WEISE ZU GELD KOMMEN.
DIE EINZIGE GÜNSTIG GELEGENE BANK IM PARK NIMMT ER MIR WEG. TYPISCH!
HOFFENTLICH ERKENNT MICH NIEMAND! ICH WERDE DEN MANTELKRAGEN AUFSCHLAGEN UND EIN RECHT ERBARMUNGSWÜRDIGES GESICHT MACHEN.

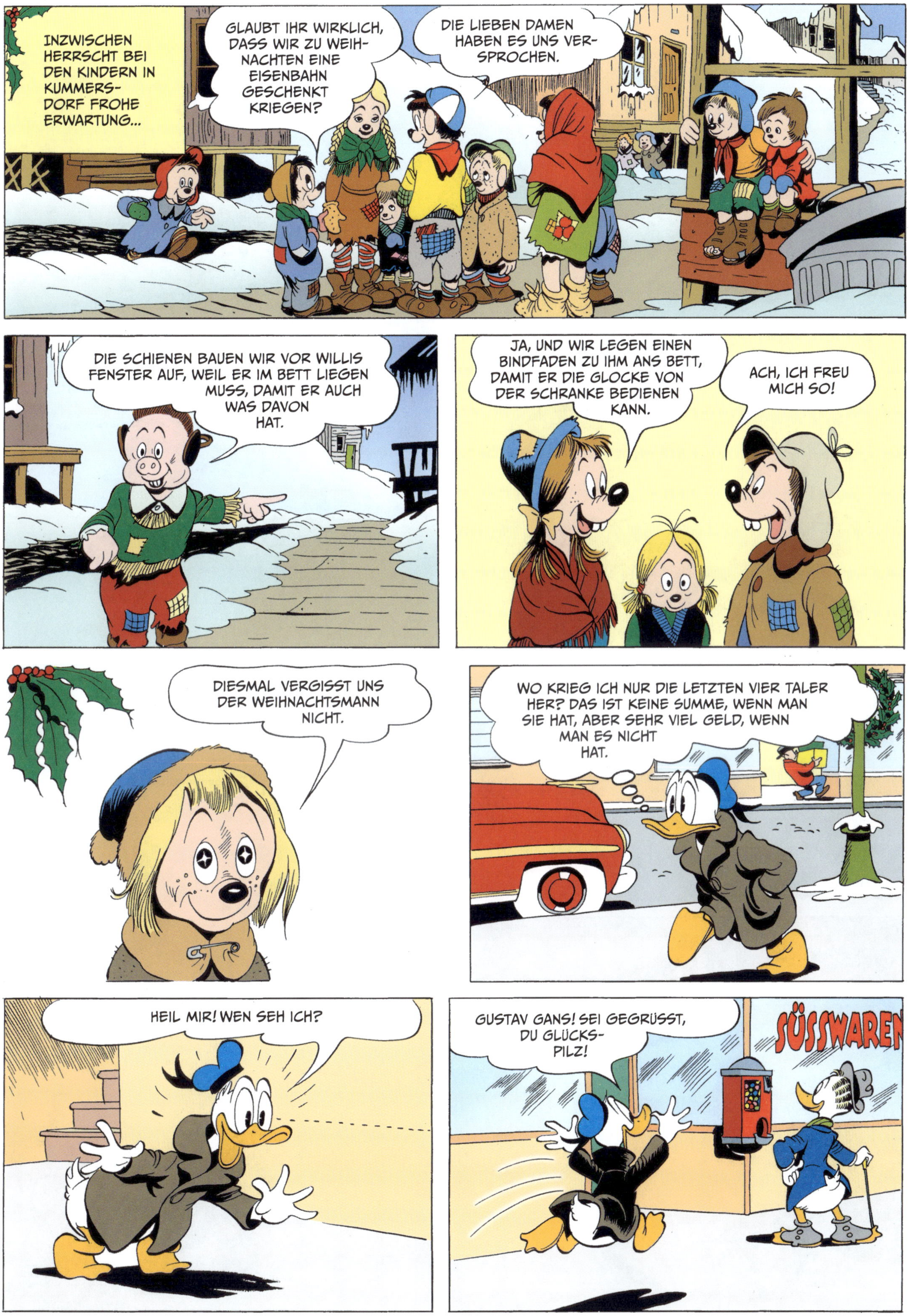
INZWISCHEN HERRSCHT BEI DEN KINDERN IN KUMMERSDORF FROHE ERWARTUNG...
GLAUBT IHR WIRKLICH, DASS WIR ZU WEIHNACHTEN EINE EISENBAHN GESCHENKT KRIEGEN?
DIE LIEBEN DAMEN HABEN ES UNS VERSPROCHEN.
DIE SCHIENEN BAUEN WIR VOR WILLIS FENSTER AUF, WEIL ER IM BETT LIEGEN MUSS, DAMIT ER AUCH WAS DAVON HAT.
JA, UND WIR LEGEN EINEN BINDFADEN ZU IHM ANS BETT, DAMIT ER DIE GLOCKE VON DER SCHRANKE BEDIENEN KANN.
ACH, ICH FREU MICH SO!
DIESMAL VERGISST UNS DER WEIHNACHTSMANN NICHT.
WO KRIEG ICH NUR DIE LETZTEN VIER TALER HER? DAS IST KEINE SUMME, WENN MAN SIE HAT, ABER SEHR VIEL GELD, WENN MAN ES NICHT HAT.
HEIL MIR! WEN SEH ICH?
GUSTAV GANS! SEI GEGRÜSST, DU GLÜCKSPILZ!
SÜSSWAREN

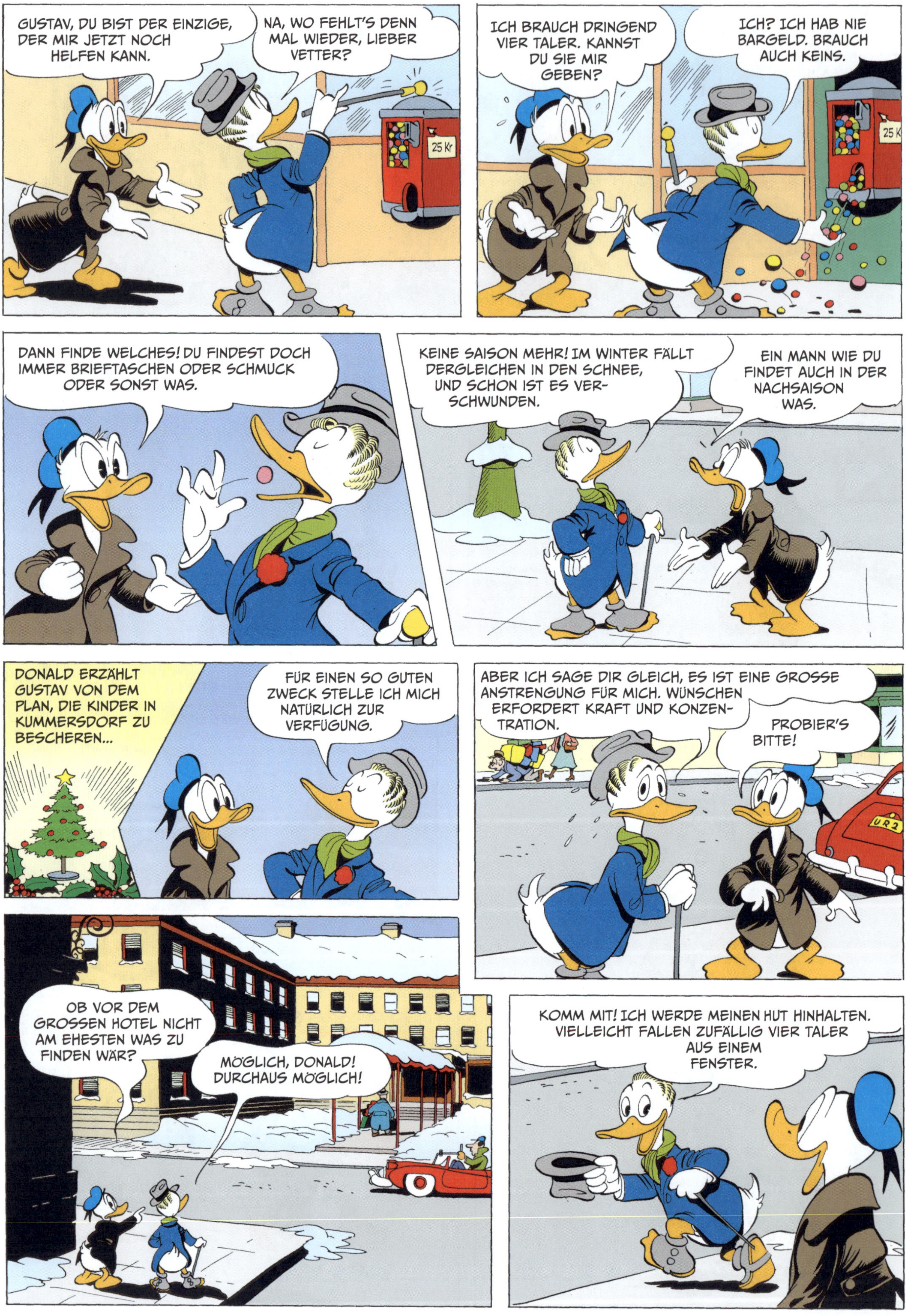
GUSTAV, DU BIST DER EINZIGE, DER MIR JETZT NOCH HELFEN KANN.
NA, WO FEHLT'S DENN MAL WIEDER, LIEBER VETTER?
25 Kr
ICH BRAUCH DRINGEND VIER TALER. KANNST DU SIE MIR GEBEN?
ICH? ICH HAB NIE BARGELD. BRAUCH AUCH KEINS.
DANN FINDE WELCHES! DU FINDEST DOCH IMMER BRIEFTASCHEN ODER SCHMUCK ODER SONST WAS.
KEINE SAISON MEHR! IM WINTER FÄLLT DERGLEICHEN IN DEN SCHNEE, UND SCHON IST ES VERSCHWUNDEN.
EIN MANN WIE DU FINDET AUCH IN DER NACHSAISON WAS.
DONALD ERZÄHLT GUSTAV VON DEM PLAN, DIE KINDER IN KUMMERSDORF ZU BESCHEREN...
FÜR EINEN SO GUTEN ZWECK STELLE ICH MICH NATÜRLICH ZUR VERFÜGUNG.
ABER ICH SAGE DIR GLEICH, ES IST EINE GROSSE ANSTRENGUNG FÜR MICH. WÜNSCHEN ERFORDERT KRAFT UND KONZENTRATION.
PROBIER'S BITTE!
OB VOR DEM GROSSEN HOTEL NICHT AM EHESTEN WAS ZU FINDEN WÄR?
MÖGLICH, DONALD! DURCHAUS MÖGLICH!
KOMM MIT! ICH WERDE MEINEN HUT HINHALTEN. VIELLEICHT FALLEN ZUFÄLLIG VIER TALER AUS EINEM FENSTER.

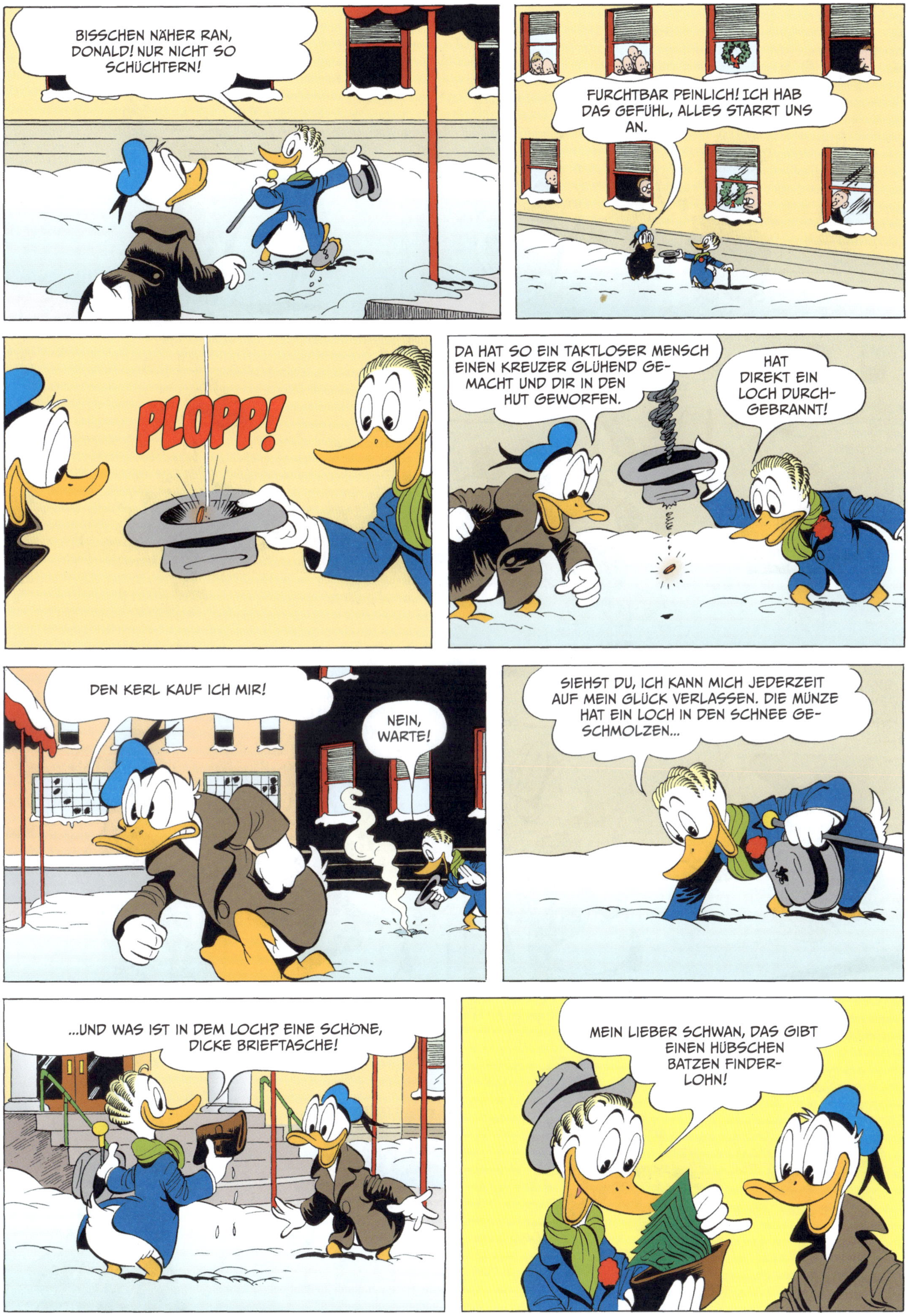
BISSCHEN NÄHER RAN, DONALD! NUR NICHT SO SCHÜCHTERN!
FURCHTBAR PEINLICH! ICH HAB DAS GEFÜHL, ALLES STARRT UNS AN.
PLOPP!
DA HAT SO EIN TAKTLOSER MENSCH EINEN KREUZER GLÜHEND GEMACHT UND DIR IN DEN HUT GEWORFEN.
HAT DIREKT EIN LOCH DURCHGEBRANNT!
DEN KERL KAUF ICH MIR!
NEIN, WARTE!
SIEHST DU, ICH KANN MICH JEDERZEIT AUF MEIN GLÜCK VERLASSEN. DIE MÜNZE HAT EIN LOCH IN DEN SCHNEE GESCHMOLZEN...
...UND WAS IST IN DEM LOCH? EINE SCHÖNE, DICKE BRIEFTASCHE!
MEIN LIEBER SCHWAN, DAS GIBT EINEN HÜBSCHEN BATZEN FINDERLOHN!

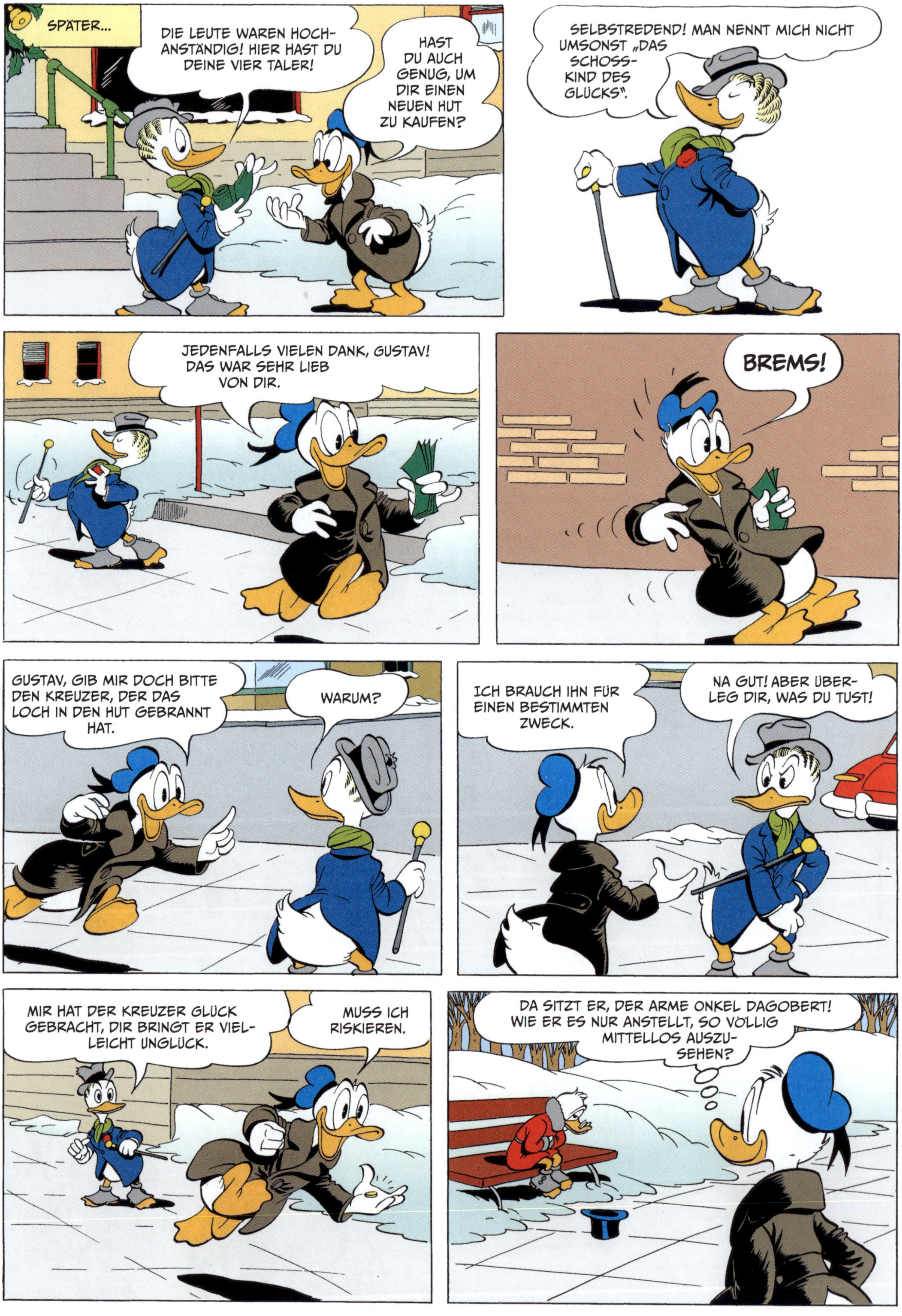
SPÄTER...
DIE LEUTE WAREN HOCHANSTÄNDIG! HIER HAST DU DEINE VIER TALER!
HAST DU AUCH GENUG, UM DIR EINEN NEUEN HUT ZU KAUFEN?
SELBSTREDEND! MAN NENNT MICH NICHT UMSONST „DAS SCHOSSKIND DES GLÜCKS".
JEDENFALLS VIELEN DANK, GUSTAV! DAS WAR SEHR LIEB VON DIR.
BREMS!
GUSTAV, GIB MIR DOCH BITTE DEN KREUZER, DER DAS LOCH IN DEN HUT GEBRANNT HAT.
WARUM?
ICH BRAUCH IHN FÜR EINEN BESTIMMTEN ZWECK.
NA GUT! ABER ÜBERLEG DIR, WAS DU TUST!
MIR HAT DER KREUZER GLÜCK GEBRACHT, DIR BRINGT ER VIELLEICHT UNGLÜCK.
MUSS ICH RISKIEREN.
DA SITZT ER, DER ARME ONKEL DAGOBERT! WIE ER ES NUR ANSTELLT, SO VÖLLIG MITTELLOS AUSZUSEHEN?

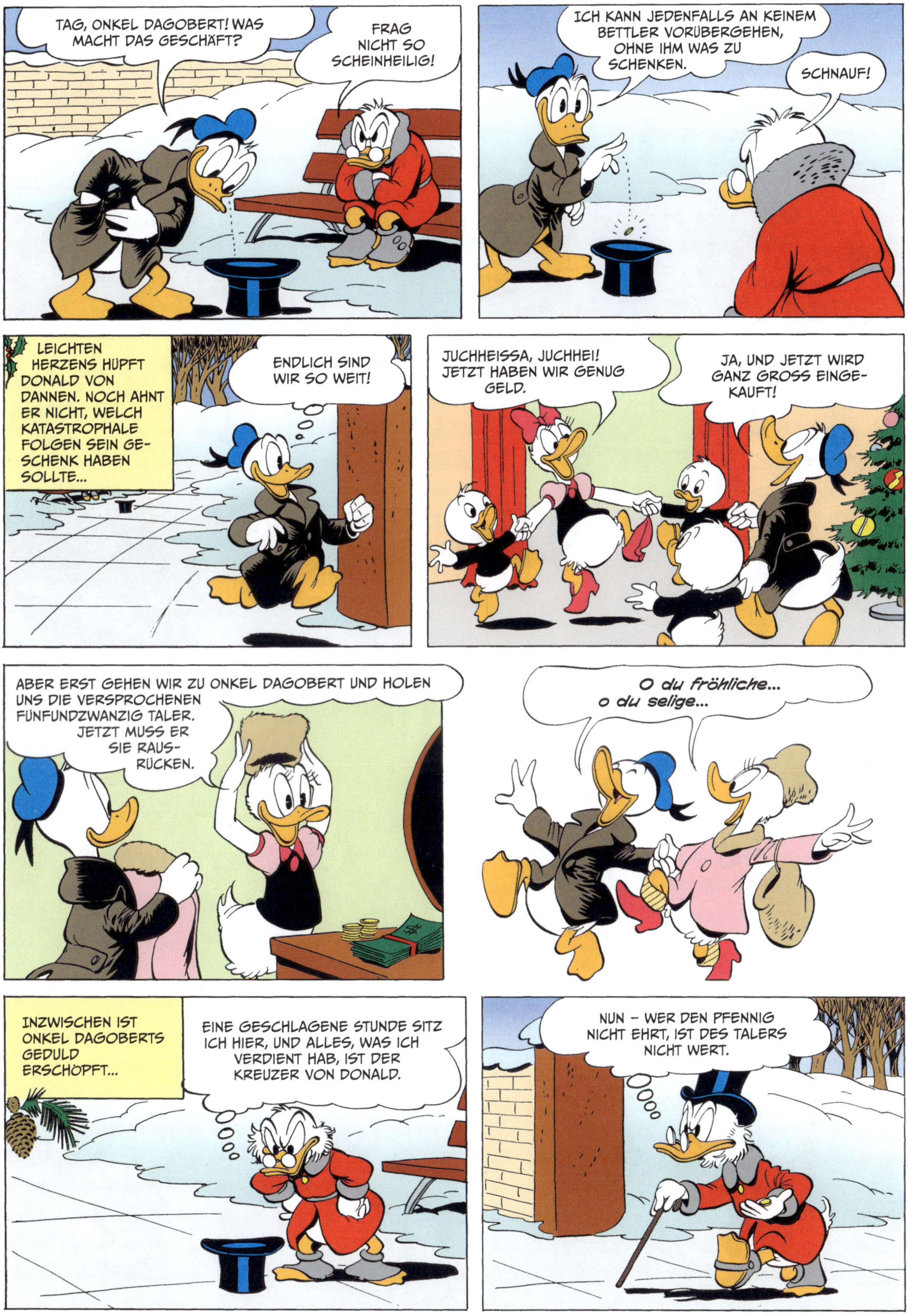
TAG, ONKEL DAGOBERT! WAS MACHT DAS GESCHÄFT?
FRAG NICHT SO SCHEINHEILIG!
ICH KANN JEDENFALLS AN KEINEM BETTLER VORÜBERGEHEN, OHNE IHM WAS ZU SCHENKEN.
SCHNAUF!
LEICHTEN HERZENS HÜPFT DONALD VON DANNEN. NOCH AHNT ER NICHT, WELCH KATASTROPHALE FOLGEN SEIN GESCHENK HABEN SOLLTE...
ENDLICH SIND WIR SO WEIT!
JUCHHEISSA, JUCHHEI! JETZT HABEN WIR GENUG GELD.
JA, UND JETZT WIRD GANZ GROSS EINGEKAUFT!
ABER ERST GEHEN WIR ZU ONKEL DAGOBERT UND HOLEN UNS DIE VERSPROCHENEN FÜNFUNDZWANZIG TALER.
JETZT MUSS ER SIE RAUSRÜCKEN.
O du fröhliche... o du selige...
INZWISCHEN IST ONKEL DAGOBERTS GEDULD ERSCHÖPFT...
EINE GESCHLAGENE STUNDE SITZ ICH HIER, UND ALLES, WAS ICH VERDIENT HAB, IST DER KREUZER VON DONALD.
NUN – WER DEN PFENNIG NICHT EHRT, IST DES TALERS NICHT WERT.

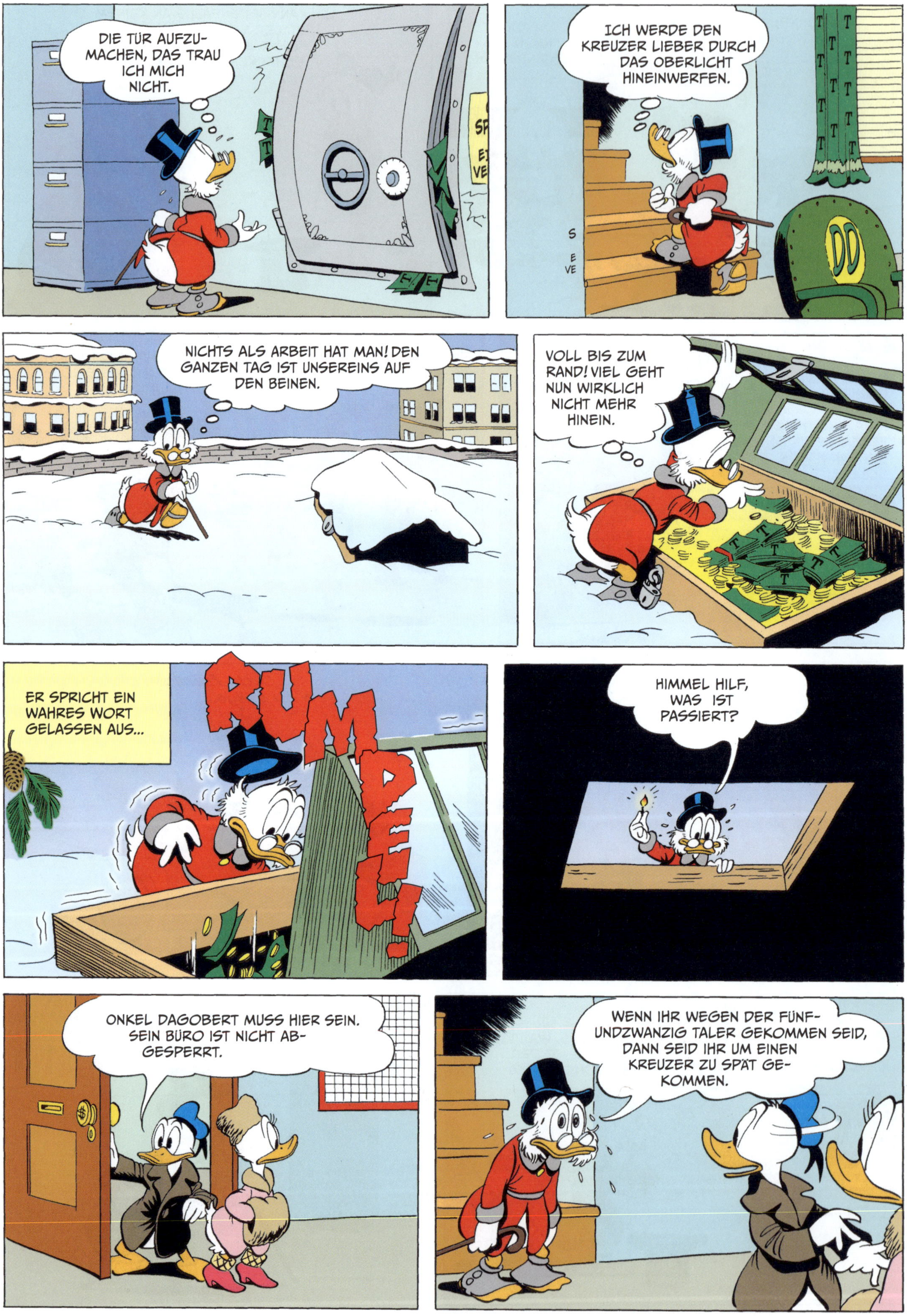
DIE TÜR AUFZU-
MACHEN, DAS TRAU
ICH MICH
NICHT.
ICH WERDE DEN
KREUZER LIEBER DURCH
DAS OBERLICHT
HINEINWERFEN.
NICHTS ALS ARBEIT HAT MAN! DEN
GANZEN TAG IST UNSEREINS AUF
DEN BEINEN.
VOLL BIS ZUM
RAND! VIEL GEHT
NUN WIRKLICH
NICHT MEHR
HINEIN.
ER SPRICHT EIN
WAHRES WORT
GELASSEN AUS...
RUMPEL!
HIMMEL HILF,
WAS IST
PASSIERT?
ONKEL DAGOBERT MUSS HIER SEIN.
SEIN BÜRO IST NICHT AB-
GESPERRT.
WENN IHR WEGEN DER FÜNF-
UNDZWANZIG TALER GEKOMMEN SEID,
DANN SEID IHR UM EINEN
KREUZER ZU SPÄT GE-
KOMMEN.

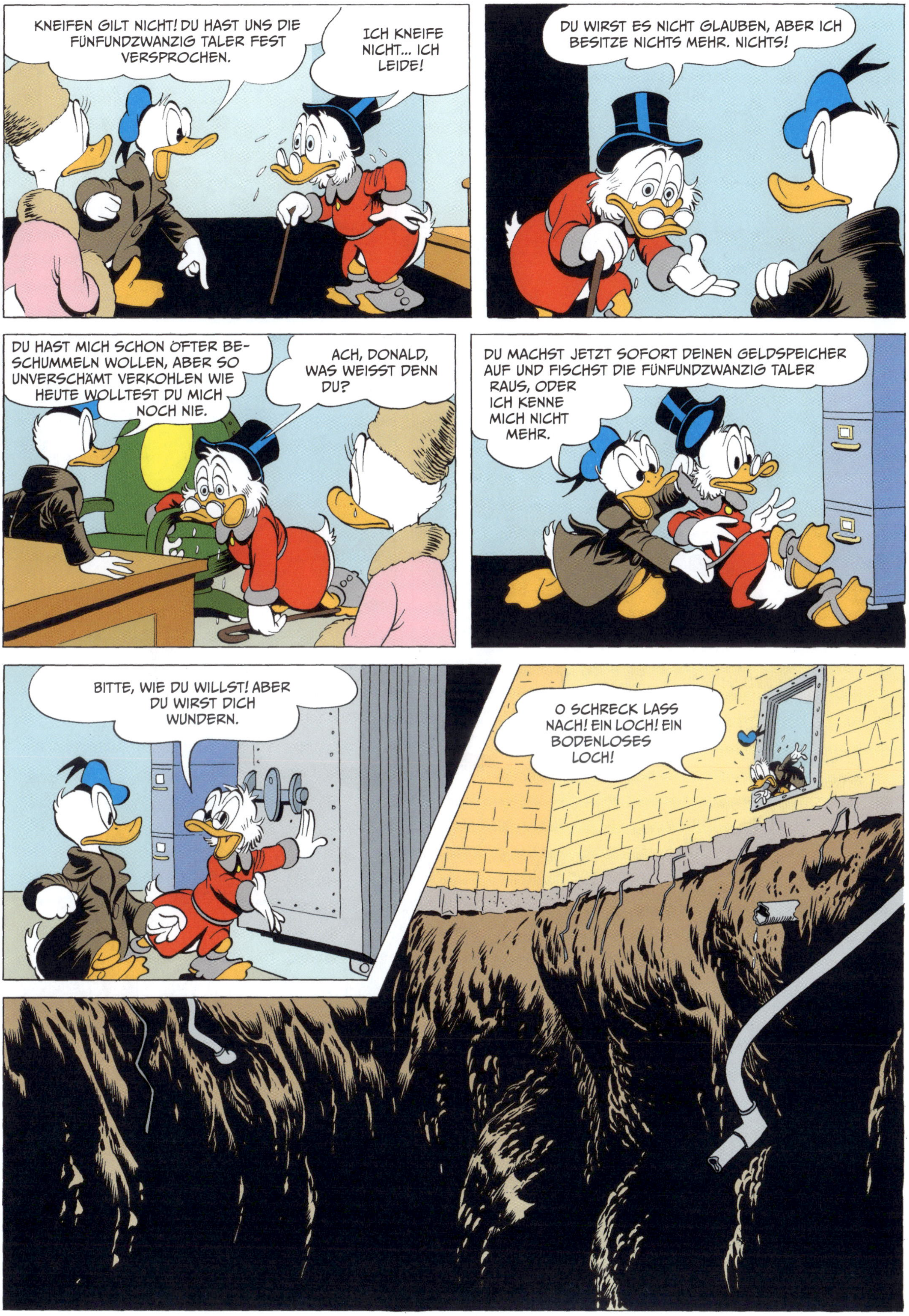
KNEIFEN GILT NICHT! DU HAST UNS DIE FÜNFUNDZWANZIG TALER FEST VERSPROCHEN.
ICH KNEIFE NICHT... ICH LEIDE!
DU WIRST ES NICHT GLAUBEN, ABER ICH BESITZE NICHTS MEHR. NICHTS!
DU HAST MICH SCHON ÖFTER BESCHUMMELN WOLLEN, ABER SO UNVERSCHÄMT VERKOHLEN WIE HEUTE WOLLTEST DU MICH NOCH NIE.
ACH, DONALD, WAS WEISST DENN DU?
DU MACHST JETZT SOFORT DEINEN GELDSPEICHER AUF UND FISCHST DIE FÜNFUNDZWANZIG TALER RAUS, ODER ICH KENNE MICH NICHT MEHR.
BITTE, WIE DU WILLST! ABER DU WIRST DICH WUNDERN.
O SCHRECK LASS NACH! EIN LOCH! EIN BODENLOSES LOCH!

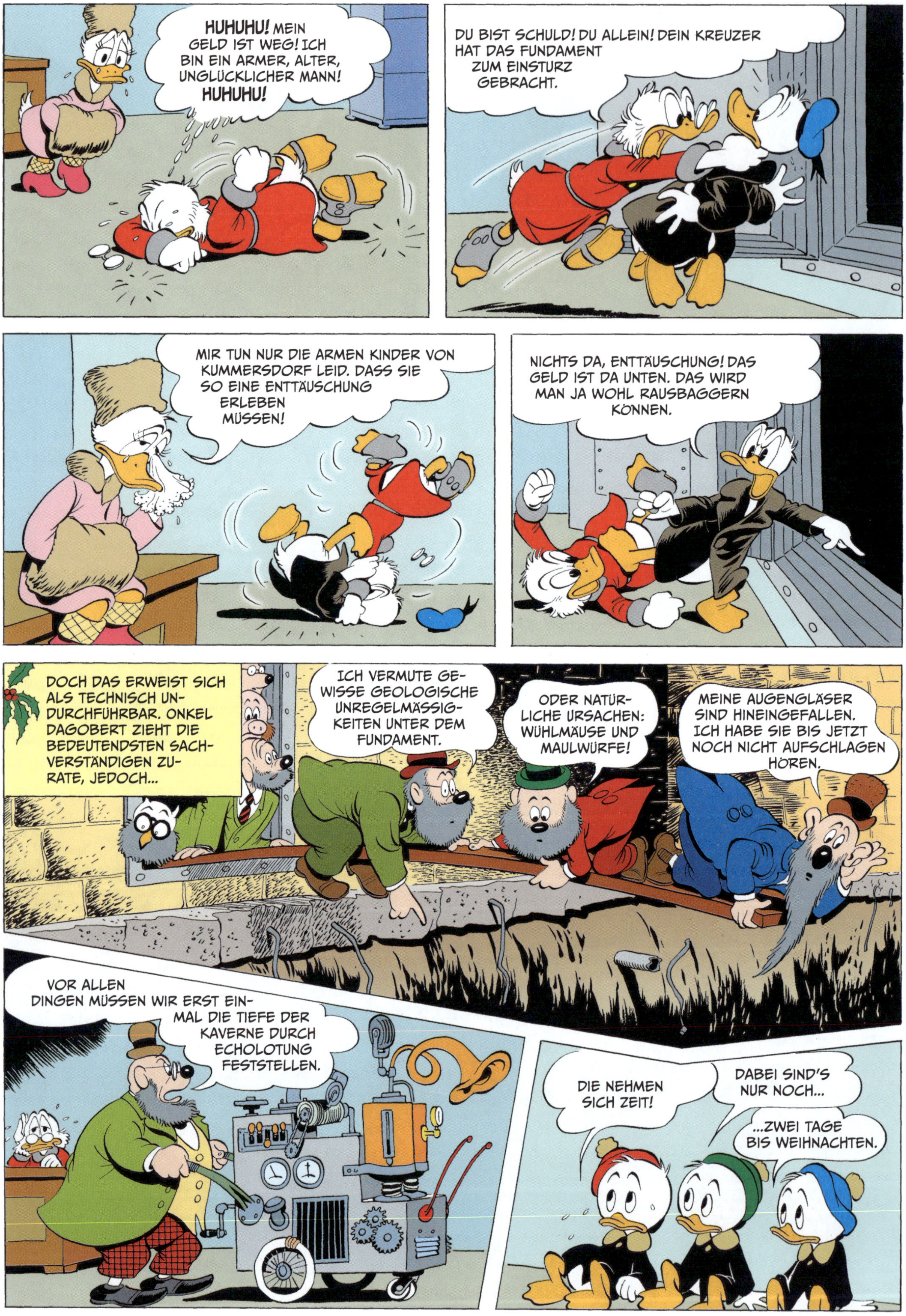
HUHUHU! MEIN GELD IST WEG! ICH BIN EIN ARMER, ALTER, UNGLÜCKLICHER MANN! HUHUHU!
DU BIST SCHULD! DU ALLEIN! DEIN KREUZER HAT DAS FUNDAMENT ZUM EINSTURZ GEBRACHT.
MIR TUN NUR DIE ARMEN KINDER VON KUMMERSDORF LEID. DASS SIE SO EINE ENTTÄUSCHUNG ERLEBEN MÜSSEN!
NICHTS DA, ENTTÄUSCHUNG! DAS GELD IST DA UNTEN. DAS WIRD MAN JA WOHL RAUSBAGGERN KÖNNEN.
DOCH DAS ERWEIST SICH ALS TECHNISCH UNDURCHFÜHRBAR. ONKEL DAGOBERT ZIEHT DIE BEDEUTENDSTEN SACHVERSTÄNDIGEN ZURATE, JEDOCH...
ICH VERMUTE GEWISSE GEOLOGISCHE UNREGELMÄSSIGKEITEN UNTER DEM FUNDAMENT.
ODER NATÜRLICHE URSACHEN: WÜHLMÄUSE UND MAULWÜRFE!
MEINE AUGENGLÄSER SIND HINEINGEFALLEN. ICH HABE SIE BIS JETZT NOCH NICHT AUFSCHLAGEN HÖREN.
VOR ALLEN DINGEN MÜSSEN WIR ERST EINMAL DIE TIEFE DER KAVERNE DURCH ECHOLOTUNG FESTSTELLEN.
DIE NEHMEN SICH ZEIT!
DABEI SIND'S NUR NOCH...
...ZWEI TAGE BIS WEIHNACHTEN.

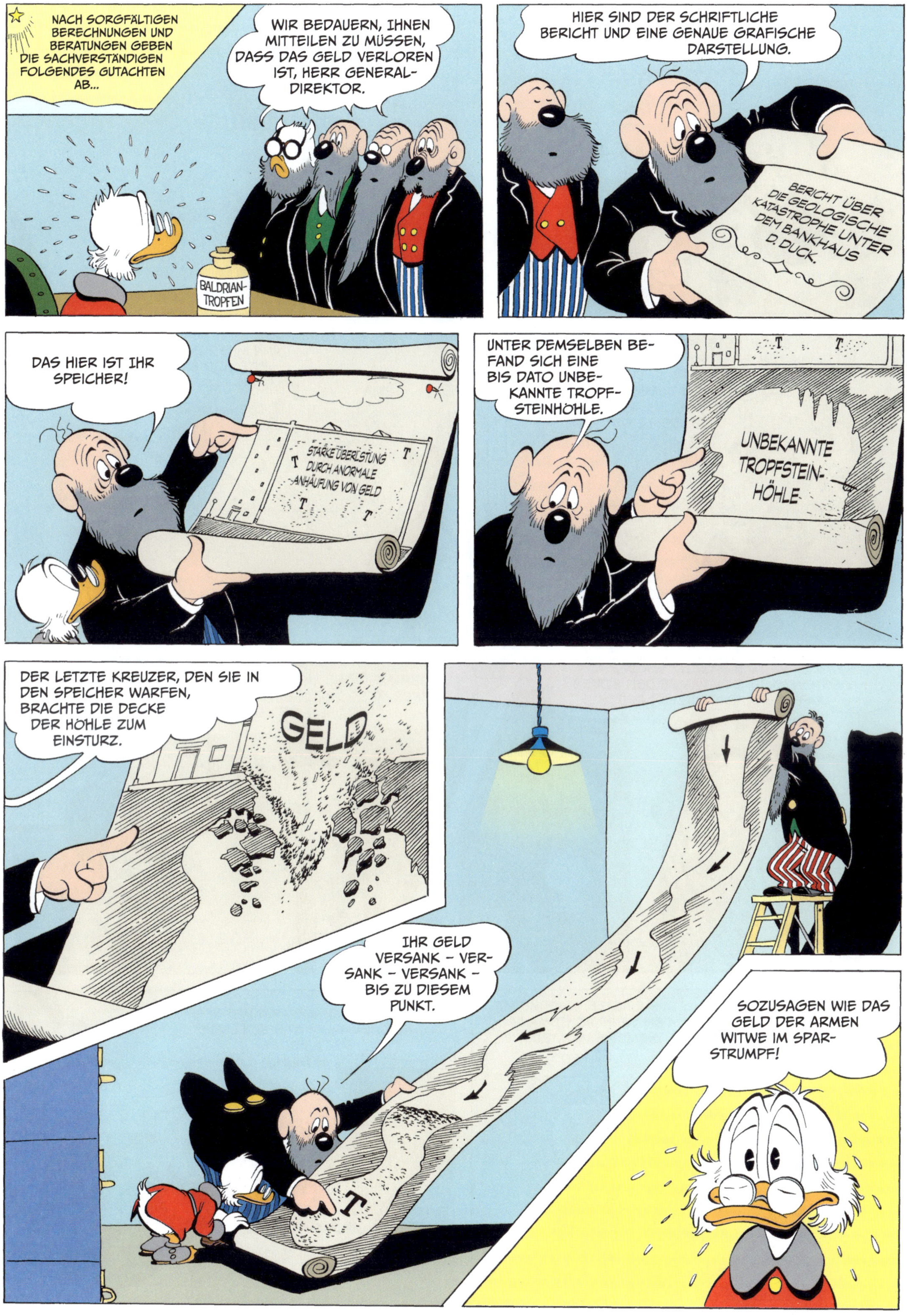
NACH SORGFÄLTIGEN BERECHNUNGEN UND BERATUNGEN GEBEN DIE SACHVERSTÄNDIGEN FOLGENDES GUTACHTEN AB...
WIR BEDAUERN, IHNEN MITTEILEN ZU MÜSSEN, DASS DAS GELD VERLOREN IST, HERR GENERALDIREKTOR.
BALDRIAN-TROPFEN
HIER SIND DER SCHRIFTLICHE BERICHT UND EINE GENAUE GRAFISCHE DARSTELLUNG.
BERICHT ÜBER DIE GEOLOGISCHE KATASTROPHE UNTER DEM BANKHAUS D. DUCK.
DAS HIER IST IHR SPEICHER!
STARKE ÜBERLASTUNG DURCH ANORMALE ANHÄUFUNG VON GELD
UNTER DEMSELBEN BEFAND SICH EINE BIS DATO UNBEKANNTE TROPFSTEINHÖHLE.
UNBEKANNTE TROPFSTEIN-HÖHLE
DER LETZTE KREUZER, DEN SIE IN DEN SPEICHER WARFEN, BRACHTE DIE DECKE DER HÖHLE ZUM EINSTURZ.
GELD
IHR GELD VERSANK – VERSANK – VERSANK – BIS ZU DIESEM PUNKT.
SOZUSAGEN WIE DAS GELD DER ARMEN WITWE IM SPARSTRUMPF!

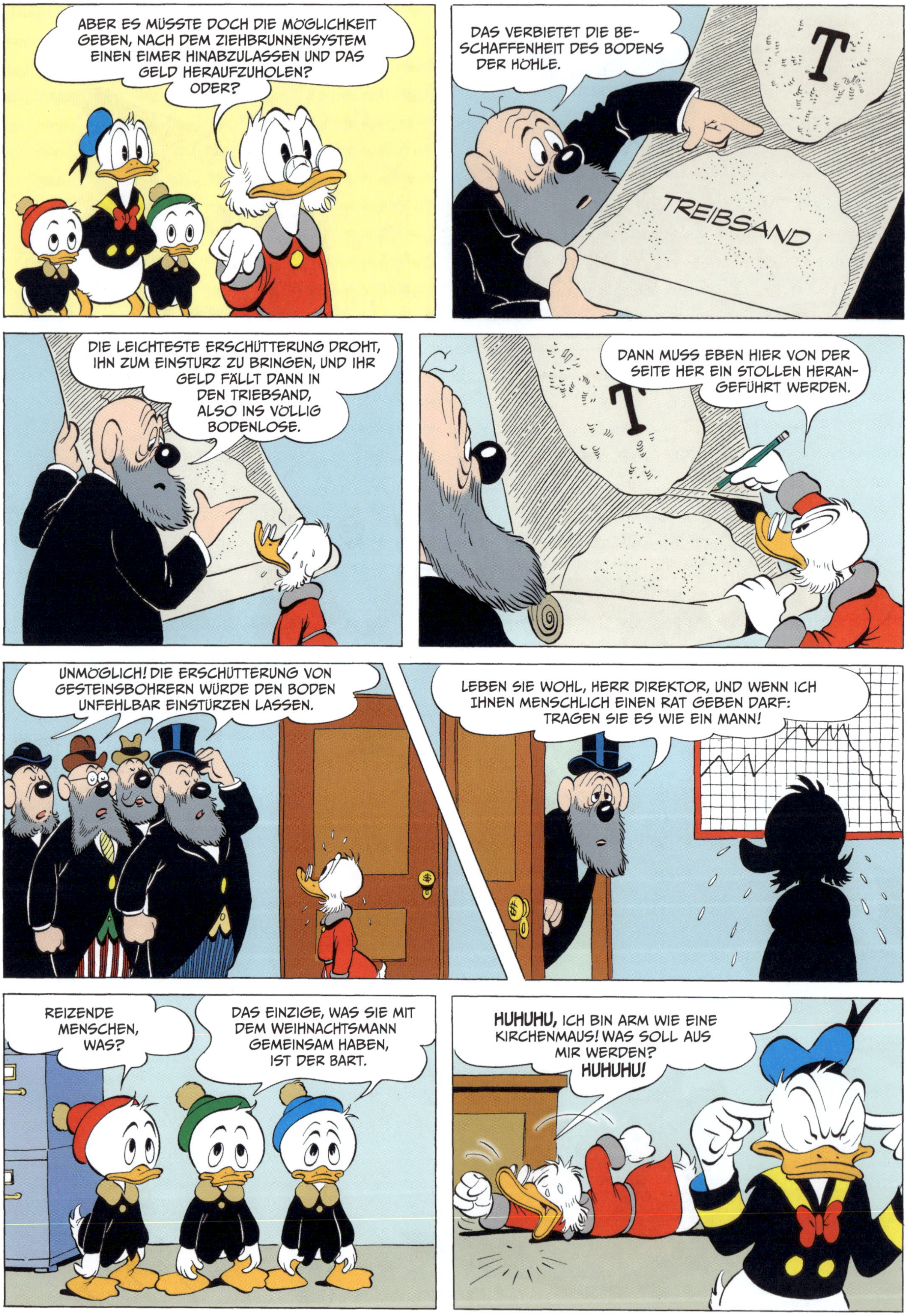

ABER ES MÜSSTE DOCH DIE MÖGLICHKEIT GEBEN, NACH DEM ZIEHBRUNNENSYSTEM EINEN EIMER HINABZULASSEN UND DAS GELD HERAUFZUHOLEN? ODER?
DAS VERBIETET DIE BESCHAFFENHEIT DES BODENS DER HÖHLE.
T
TREIBSAND
DIE LEICHTESTE ERSCHÜTTERUNG DROHT, IHN ZUM EINSTURZ ZU BRINGEN, UND IHR GELD FÄLLT DANN IN DEN TRIEBSAND, ALSO INS VÖLLIG BODENLOSE.
DANN MUSS EBEN HIER VON DER SEITE HER EIN STOLLEN HERANGEFÜHRT WERDEN.
T
UNMÖGLICH! DIE ERSCHÜTTERUNG VON GESTEINSBOHRERN WÜRDE DEN BODEN UNFEHLBAR EINSTÜRZEN LASSEN.
LEBEN SIE WOHL, HERR DIREKTOR, UND WENN ICH IHNEN MENSCHLICH EINEN RAT GEBEN DARF: TRAGEN SIE ES WIE EIN MANN!
REIZENDE MENSCHEN, WAS?
DAS EINZIGE, WAS SIE MIT DEM WEIHNACHTSMANN GEMEINSAM HABEN, IST DER BART.
HUHUHU, ICH BIN ARM WIE EINE KIRCHENMAUS! WAS SOLL AUS MIR WERDEN? HUHUHU!

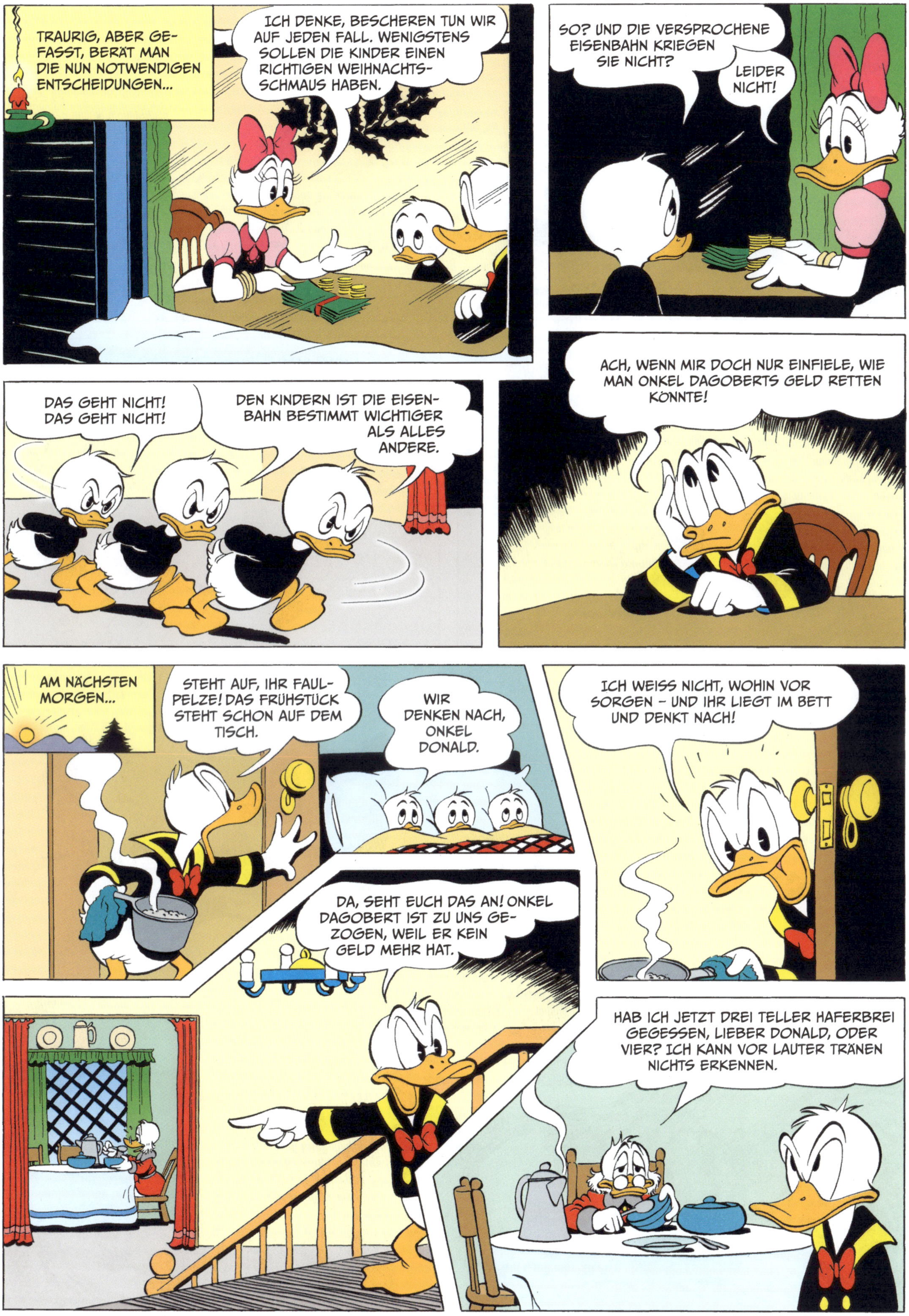
TRAURIG, ABER GEFASST, BERÄT MAN DIE NUN NOTWENDIGEN ENTSCHEIDUNGEN...
ICH DENKE, BESCHEREN TUN WIR AUF JEDEN FALL. WENIGSTENS SOLLEN DIE KINDER EINEN RICHTIGEN WEIHNACHTSSCHMAUS HABEN.
SO? UND DIE VERSPROCHENE EISENBAHN KRIEGEN SIE NICHT?
LEIDER NICHT!
DAS GEHT NICHT! DAS GEHT NICHT!
DEN KINDERN IST DIE EISENBAHN BESTIMMT WICHTIGER ALS ALLES ANDERE.
ACH, WENN MIR DOCH NUR EINFIELE, WIE MAN ONKEL DAGOBERTS GELD RETTEN KÖNNTE!
AM NÄCHSTEN MORGEN...
STEHT AUF, IHR FAULPELZE! DAS FRÜHSTÜCK STEHT SCHON AUF DEM TISCH.
WIR DENKEN NACH, ONKEL DONALD.
ICH WEISS NICHT, WOHIN VOR SORGEN – UND IHR LIEGT IM BETT UND DENKT NACH!
DA, SEHT EUCH DAS AN! ONKEL DAGOBERT IST ZU UNS GEZOGEN, WEIL ER KEIN GELD MEHR HAT.
HAB ICH JETZT DREI TELLER HAFERBREI GEGESSEN, LIEBER DONALD, ODER VIER? ICH KANN VOR LAUTER TRÄNEN NICHTS ERKENNEN.

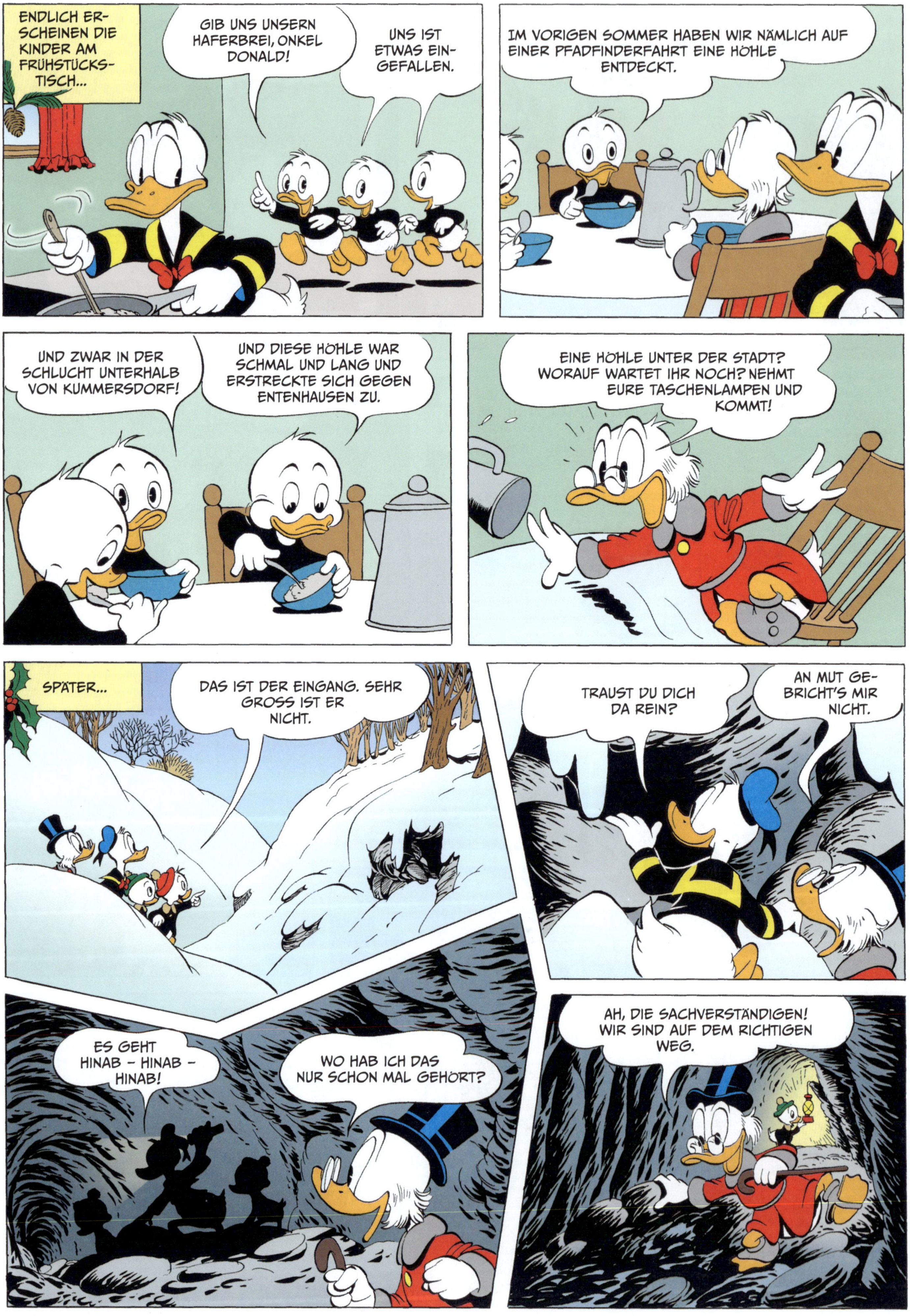
ENDLICH ERSCHEINEN DIE KINDER AM FRÜHSTÜCKSTISCH...
GIB UNS UNSERN HAFERBREI, ONKEL DONALD!
UNS IST ETWAS EINGEFALLEN.
IM VORIGEN SOMMER HABEN WIR NÄMLICH AUF EINER PFADFINDERFAHRT EINE HÖHLE ENTDECKT.
UND ZWAR IN DER SCHLUCHT UNTERHALB VON KUMMERSDORF!
UND DIESE HÖHLE WAR SCHMAL UND LANG UND ERSTRECKTE SICH GEGEN ENTENHAUSEN ZU.
EINE HÖHLE UNTER DER STADT? WORAUF WARTET IHR NOCH? NEHMT EURE TASCHENLAMPEN UND KOMMT!
SPÄTER...
DAS IST DER EINGANG. SEHR GROSS IST ER NICHT.
TRAUST DU DICH DA REIN?
AN MUT GEBRICHT'S MIR NICHT.
ES GEHT HINAB – HINAB – HINAB!
WO HAB ICH DAS NUR SCHON MAL GEHÖRT?
AH, DIE SACHVERSTÄNDIGEN! WIR SIND AUF DEM RICHTIGEN WEG.

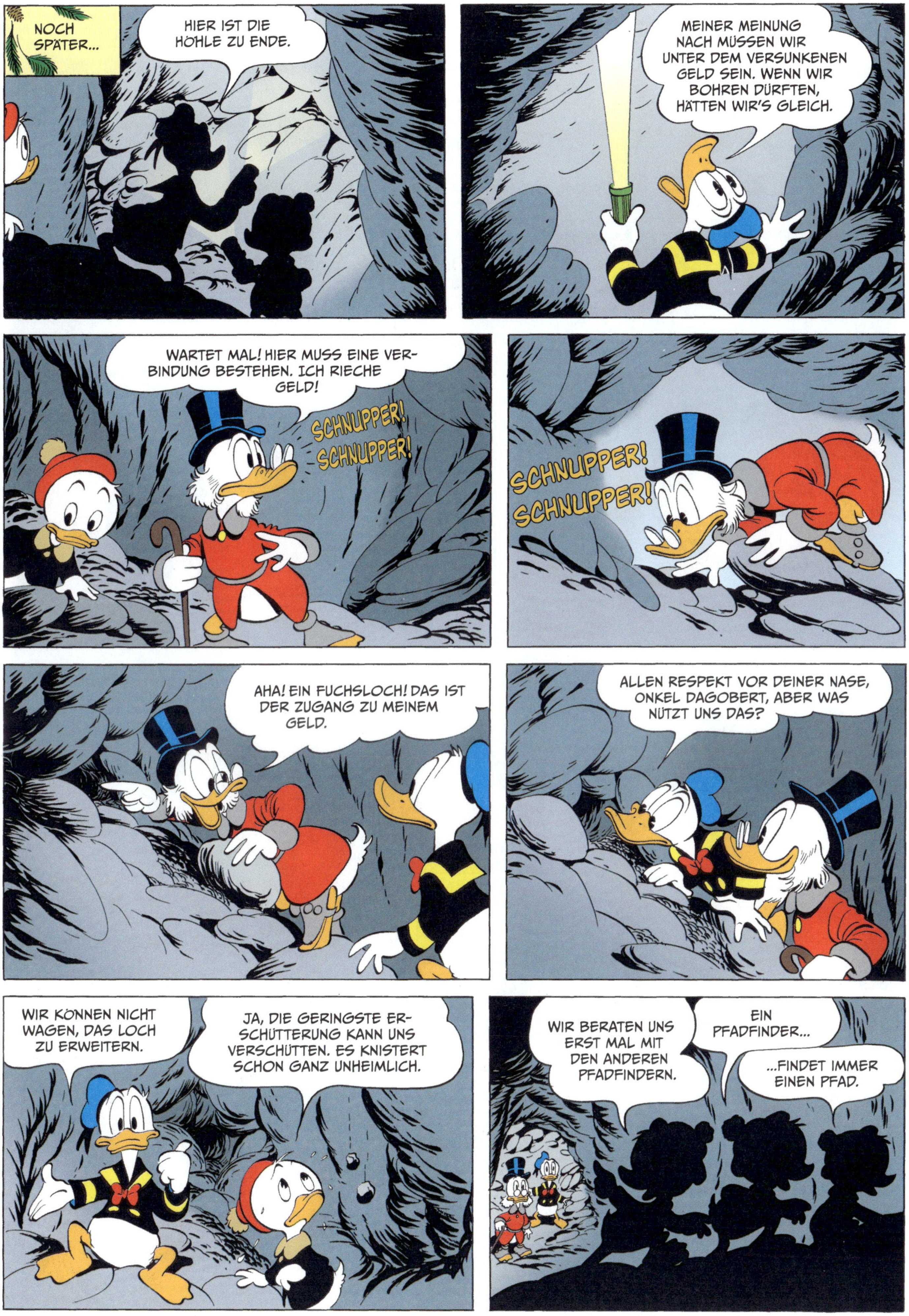
NOCH SPÄTER...
HIER IST DIE HÖHLE ZU ENDE.
MEINER MEINUNG NACH MÜSSEN WIR UNTER DEM VERSUNKENEN GELD SEIN. WENN WIR BOHREN DÜRFTEN, HÄTTEN WIR'S GLEICH.
WARTET MAL! HIER MUSS EINE VERBINDUNG BESTEHEN. ICH RIECHE GELD!
SCHNUPPER! SCHNUPPER!
SCHNUPPER! SCHNUPPER!
AHA! EIN FUCHSLOCH! DAS IST DER ZUGANG ZU MEINEM GELD.
ALLEN RESPEKT VOR DEINER NASE, ONKEL DAGOBERT, ABER WAS NÜTZT UNS DAS?
WIR KÖNNEN NICHT WAGEN, DAS LOCH ZU ERWEITERN.
JA, DIE GERINGSTE ERSCHÜTTERUNG KANN UNS VERSCHÜTTEN. ES KNISTERT SCHON GANZ UNHEIMLICH.
WIR BERATEN UNS ERST MAL MIT DEN ANDEREN PFADFINDERN.
EIN PFADFINDER...
...FINDET IMMER EINEN PFAD.

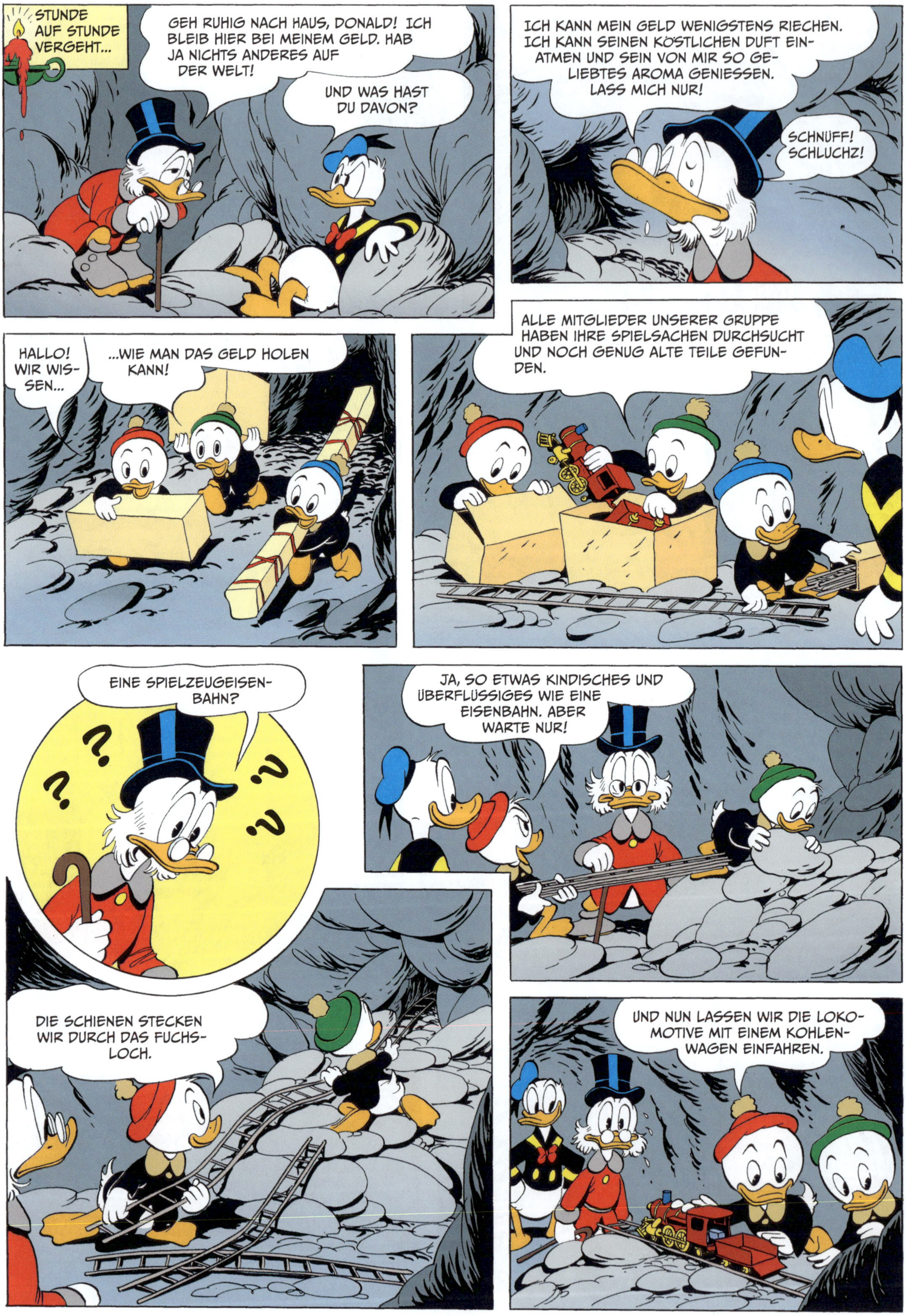

STUNDE AUF STUNDE VERGEHT...
GEH RUHIG NACH HAUS, DONALD! ICH BLEIB HIER BEI MEINEM GELD. HAB JA NICHTS ANDERES AUF DER WELT!
UND WAS HAST DU DAVON?
ICH KANN MEIN GELD WENIGSTENS RIECHEN. ICH KANN SEINEN KÖSTLICHEN DUFT EIN-ATMEN UND SEIN VON MIR SO GE-LIEBTES AROMA GENIESSEN. LASS MICH NUR!
SCHNÜFF! SCHLUCHZ!
HALLO! WIR WIS-SEN...
...WIE MAN DAS GELD HOLEN KANN!
ALLE MITGLIEDER UNSERER GRUPPE HABEN IHRE SPIELSACHEN DURCHSUCHT UND NOCH GENUG ALTE TEILE GEFUN-DEN.
EINE SPIELZEUGEISEN-BAHN?
JA, SO ETWAS KINDISCHES UND ÜBERFLÜSSIGES WIE EINE EISENBAHN. ABER WARTE NUR!
DIE SCHIENEN STECKEN WIR DURCH DAS FUCHS-LOCH.
UND NUN LASSEN WIR DIE LOKO-MOTIVE MIT EINEM KOHLEN-WAGEN EINFAHREN.

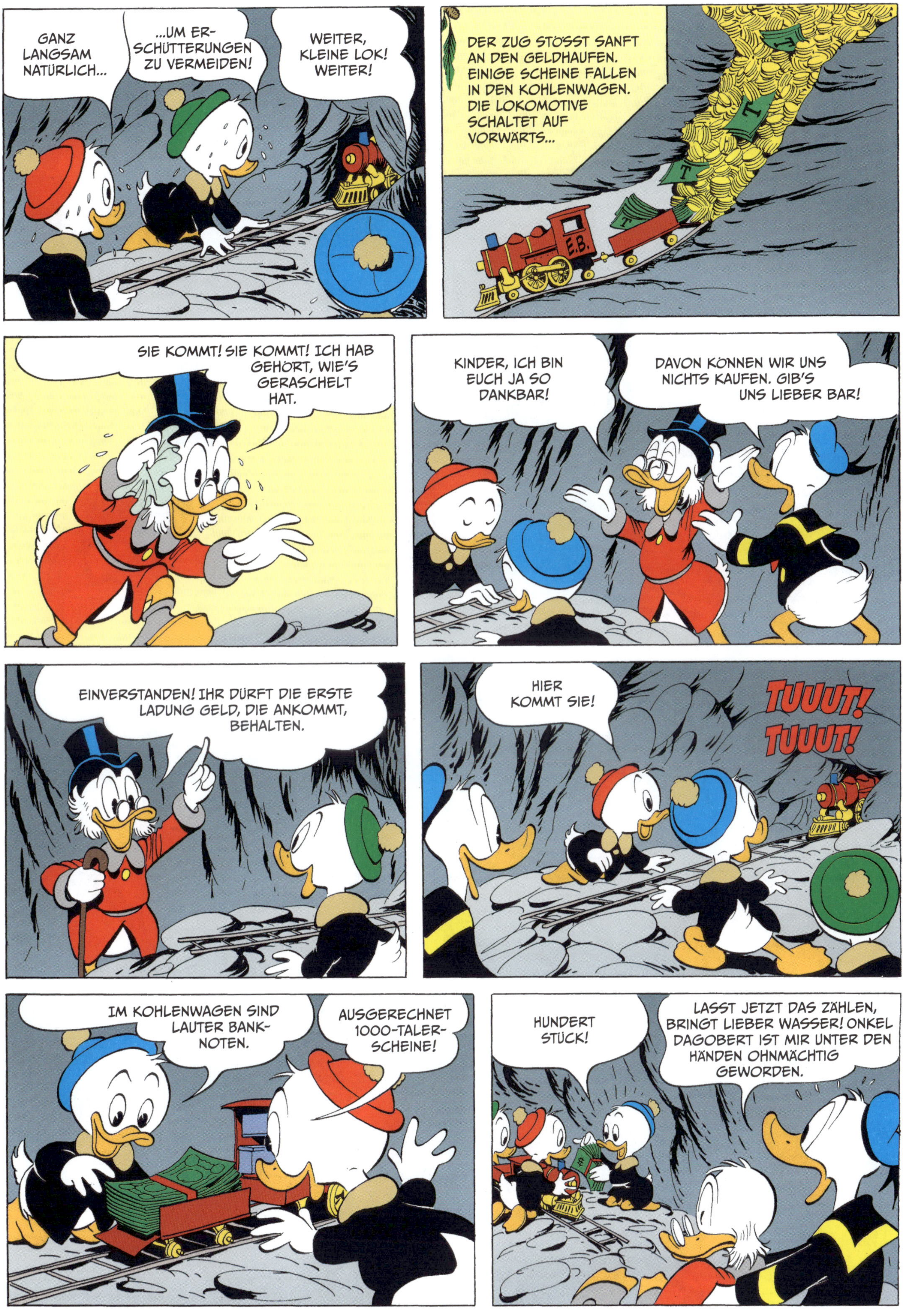
GANZ LANGSAM NATÜRLICH...
...UM ERSCHÜTTERUNGEN ZU VERMEIDEN!
WEITER, KLEINE LOK! WEITER!
DER ZUG STÖSST SANFT AN DEN GELDHAUFEN. EINIGE SCHEINE FALLEN IN DEN KOHLENWAGEN. DIE LOKOMOTIVE SCHALTET AUF VORWÄRTS...
E.B.
SIE KOMMT! SIE KOMMT! ICH HAB GEHÖRT, WIE'S GERASCHELT HAT.
KINDER, ICH BIN EUCH JA SO DANKBAR!
DAVON KÖNNEN WIR UNS NICHTS KAUFEN. GIB'S UNS LIEBER BAR!
EINVERSTANDEN! IHR DÜRFT DIE ERSTE LADUNG GELD, DIE ANKOMMT, BEHALTEN.
HIER KOMMT SIE!
TUUUT! TUUUT!
IM KOHLENWAGEN SIND LAUTER BANKNOTEN.
AUSGERECHNET 1000-TALER-SCHEINE!
HUNDERT STÜCK!
LASST JETZT DAS ZÄHLEN, BRINGT LIEBER WASSER! ONKEL DAGOBERT IST MIR UNTER DEN HÄNDEN OHNMÄCHTIG GEWORDEN.

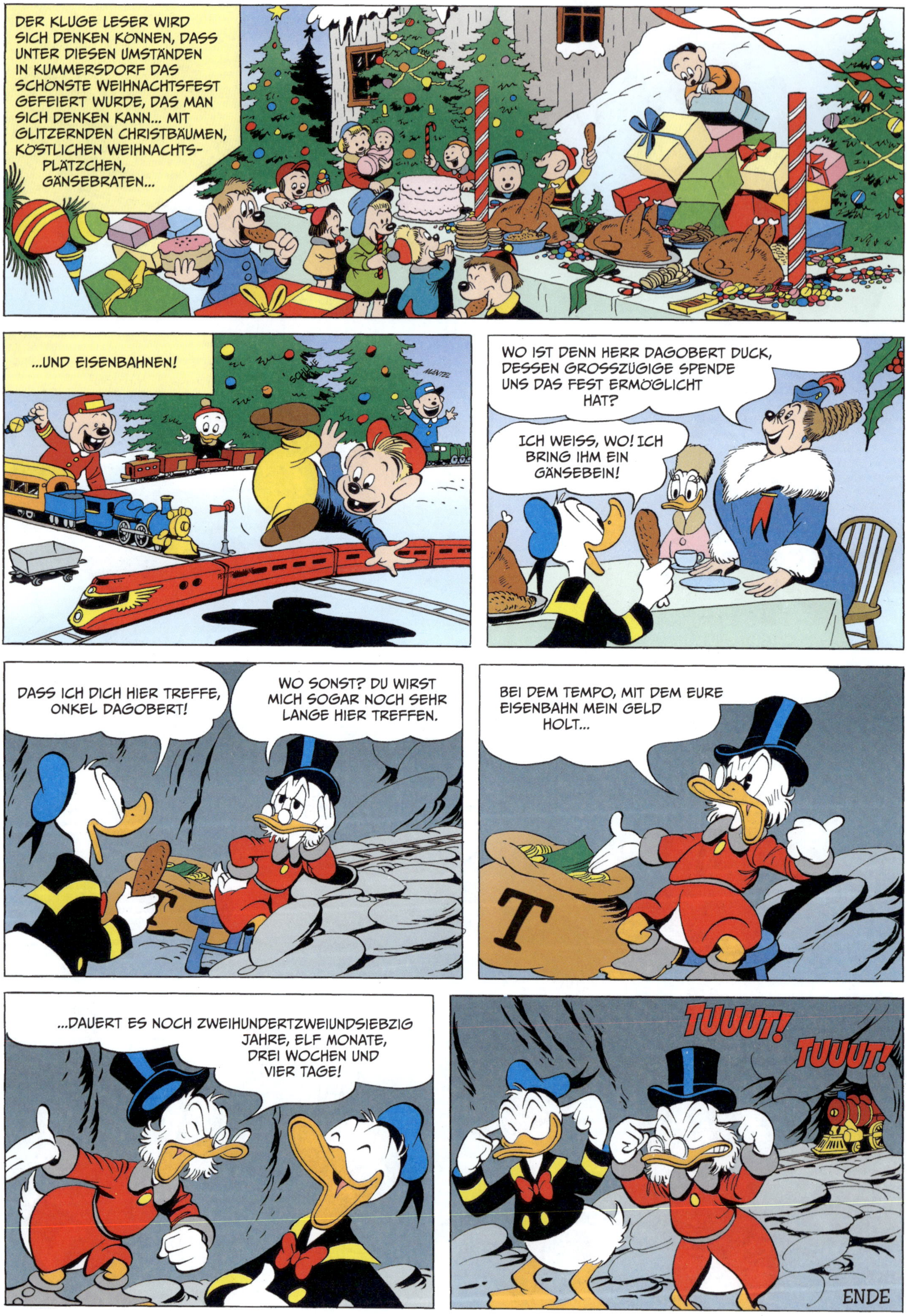
DER KLUGE LESER WIRD SICH DENKEN KÖNNEN, DASS UNTER DIESEN UMSTÄNDEN IN KUMMERSDORF DAS SCHÖNSTE WEIHNACHTSFEST GEFEIERT WURDE, DAS MAN SICH DENKEN KANN... MIT GLITZERNDEN CHRISTBÄUMEN, KÖSTLICHEN WEIHNACHTS-PLÄTZCHEN, GÄNSEBRATEN...
...UND EISENBAHNEN!
WO IST DENN HERR DAGOBERT DUCK, DESSEN GROSSZÜGIGE SPENDE UNS DAS FEST ERMÖGLICHT HAT?
ICH WEISS, WO! ICH BRING IHM EIN GÄNSEBEIN!
DASS ICH DICH HIER TREFFE, ONKEL DAGOBERT!
WO SONST? DU WIRST MICH SOGAR NOCH SEHR LANGE HIER TREFFEN.
BEI DEM TEMPO, MIT DEM EURE EISENBAHN MEIN GELD HOLT...
...DAUERT ES NOCH ZWEIHUNDERTZWEIUNDSIEBZIG JAHRE, ELF MONATE, DREI WOCHEN UND VIER TAGE!
TUUUT! TUUUT!
ENDE

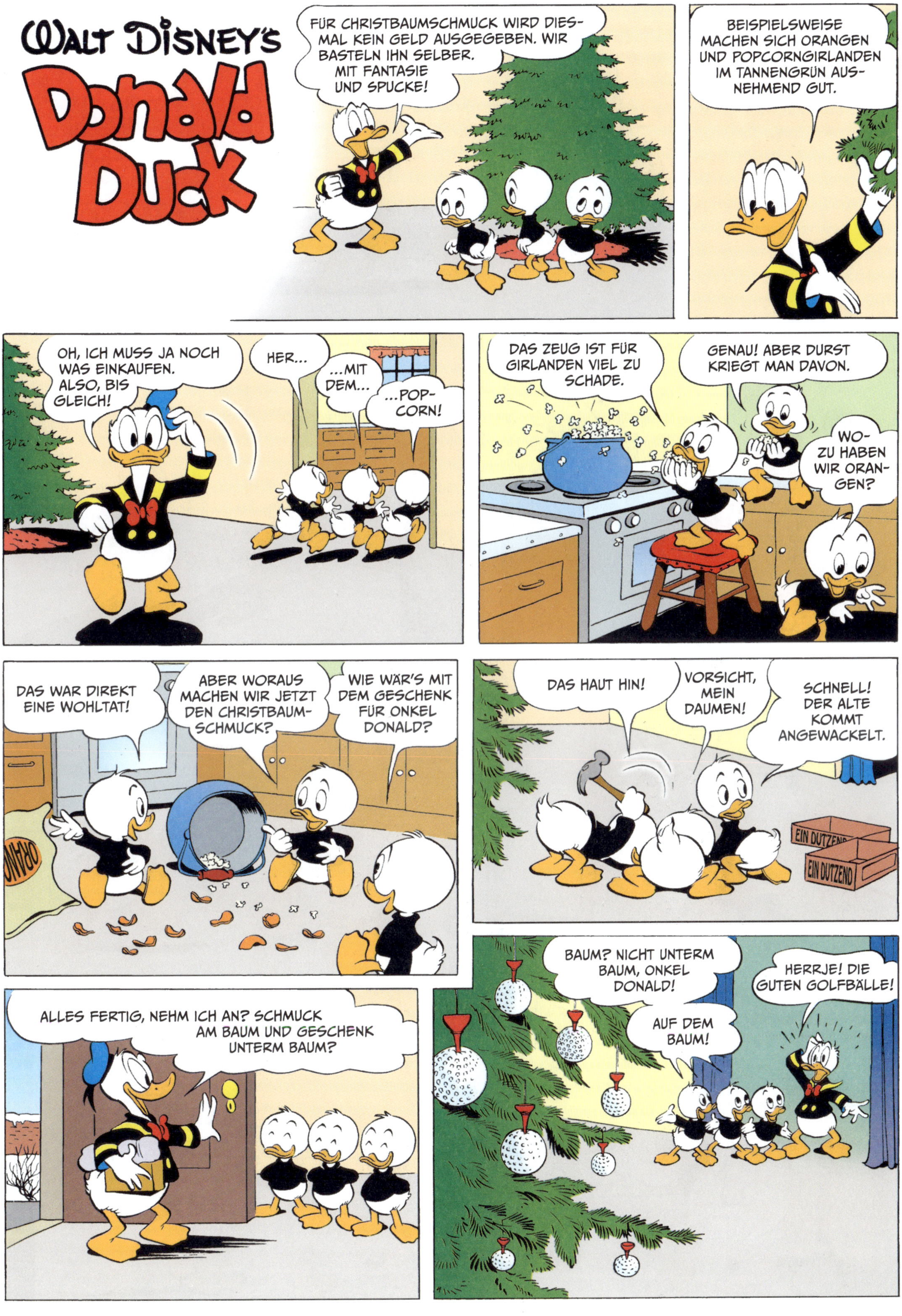
WALT DISNEY'S
Donald Duck
FÜR CHRISTBAUMSCHMUCK WIRD DIESMAL KEIN GELD AUSGEGEBEN. WIR BASTELN IHN SELBER. MIT FANTASIE UND SPUCKE!
BEISPIELSWEISE MACHEN SICH ORANGEN UND POPCORNGIRLANDEN IM TANNENGRÜN AUSNEHMEND GUT.
OH, ICH MUSS JA NOCH WAS EINKAUFEN. ALSO, BIS GLEICH!
HER...
...MIT DEM...
...POPCORN!
DAS ZEUG IST FÜR GIRLANDEN VIEL ZU SCHADE.
GENAU! ABER DURST KRIEGT MAN DAVON.
WOZU HABEN WIR ORANGEN?
DAS WAR DIREKT EINE WOHLTAT!
ABER WORAUS MACHEN WIR JETZT DEN CHRISTBAUMSCHMUCK?
WIE WÄR'S MIT DEM GESCHENK FÜR ONKEL DONALD?
ORANG
DAS HAUT HIN!
VORSICHT, MEIN DAUMEN!
SCHNELL! DER ALTE KOMMT ANGEWACKELT.
EIN DUTZEND
EIN DUTZEND
ALLES FERTIG, NEHM ICH AN? SCHMUCK AM BAUM UND GESCHENK UNTERM BAUM?
BAUM? NICHT UNTERM BAUM, ONKEL DONALD!
AUF DEM BAUM!
HERRJE! DIE GUTEN GOLFBÄLLE!

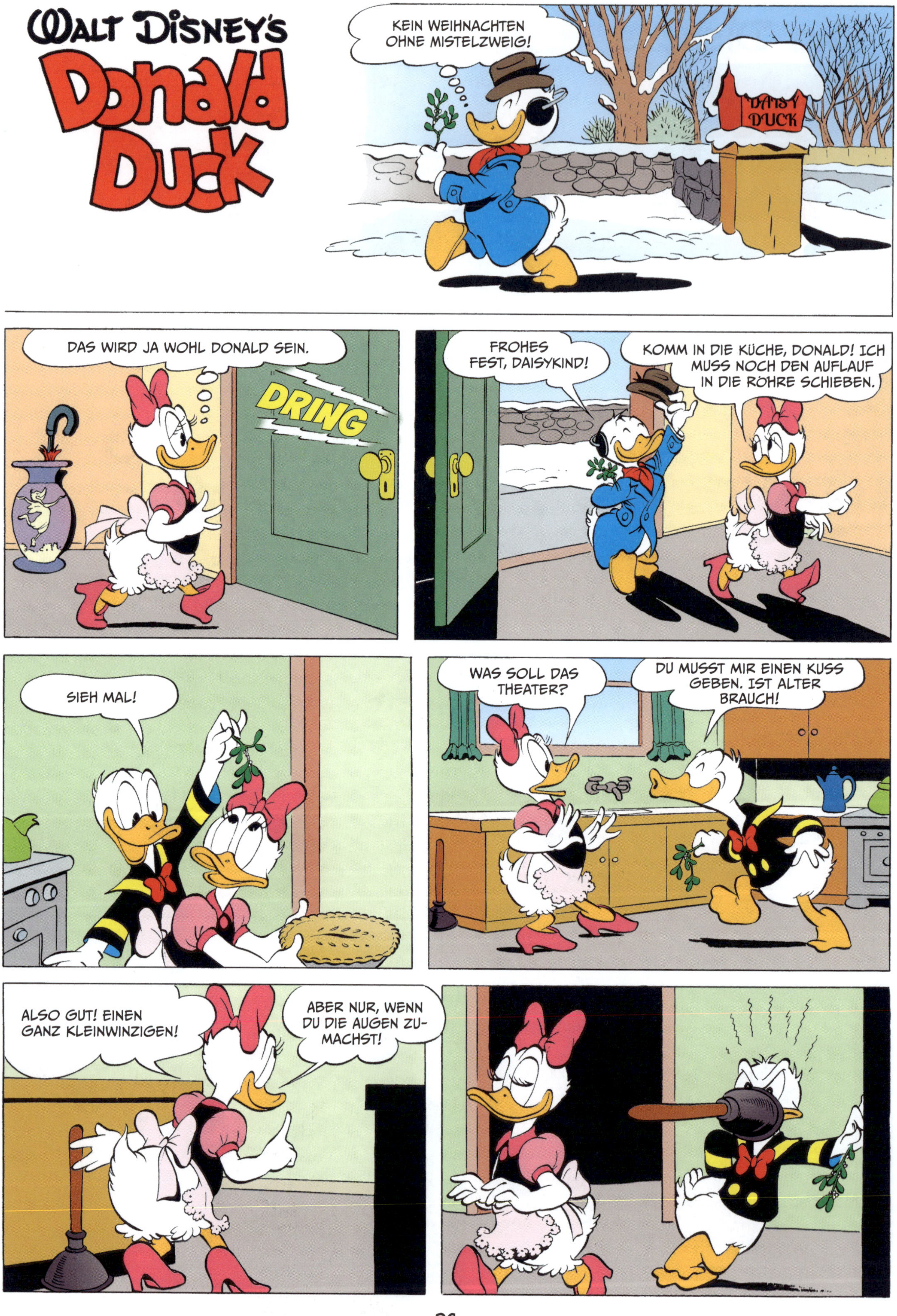
WALT DISNEY'S
Donald Duck
KEIN WEIHNACHTEN OHNE MISTELZWEIG!
DAISY DUCK
DAS WIRD JA WOHL DONALD SEIN.
DRING
FROHES FEST, DAISYKIND!
KOMM IN DIE KÜCHE, DONALD! ICH MUSS NOCH DEN AUFLAUF IN DIE RÖHRE SCHIEBEN.
SIEH MAL!
WAS SOLL DAS THEATER?
DU MUSST MIR EINEN KUSS GEBEN. IST ALTER BRAUCH!
ALSO GUT! EINEN GANZ KLEINWINZIGEN!
ABER NUR, WENN DU DIE AUGEN ZUMACHST!

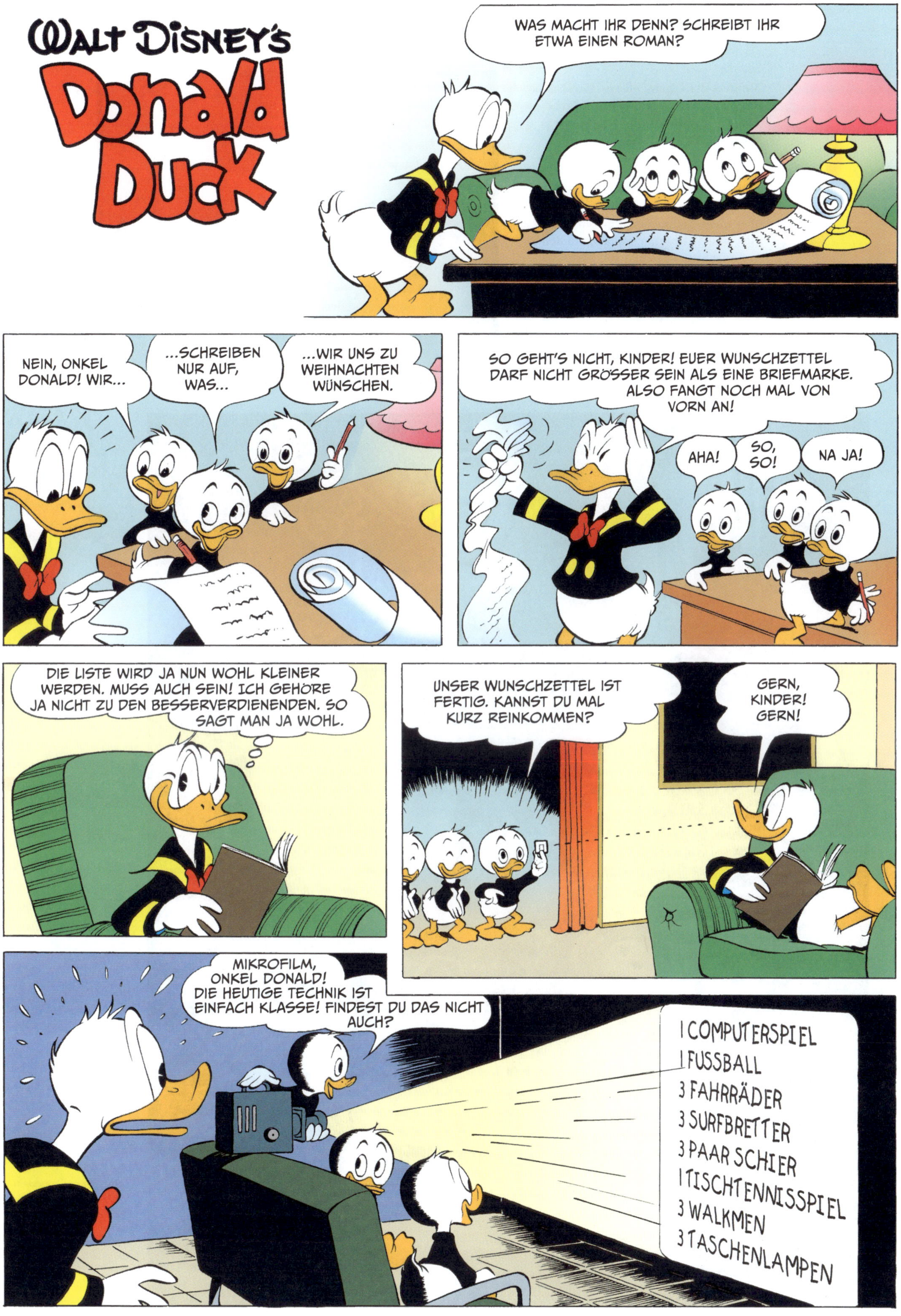
Walt Disney's
Donald Duck
WAS MACHT IHR DENN? SCHREIBT IHR ETWA EINEN ROMAN?
NEIN, ONKEL DONALD! WIR...
...SCHREIBEN NUR AUF, WAS...
...WIR UNS ZU WEIHNACHTEN WÜNSCHEN.
SO GEHT'S NICHT, KINDER! EUER WUNSCHZETTEL DARF NICHT GRÖSSER SEIN ALS EINE BRIEFMARKE. ALSO FANGT NOCH MAL VON VORN AN!
AHA!
SO, SO!
NA JA!
DIE LISTE WIRD JA NUN WOHL KLEINER WERDEN. MUSS AUCH SEIN! ICH GEHÖRE JA NICHT ZU DEN BESSERVERDIENENDEN. SO SAGT MAN JA WOHL.
UNSER WUNSCHZETTEL IST FERTIG. KANNST DU MAL KURZ REINKOMMEN?
GERN, KINDER! GERN!
MIKROFILM, ONKEL DONALD! DIE HEUTIGE TECHNIK IST EINFACH KLASSE! FINDEST DU DAS NICHT AUCH?
1 COMPUTERSPIEL
1 FUSSBALL
3 FAHRRÄDER
3 SURFBRETTER
3 PAAR SCHIER
1 TISCHTENNISSPIEL
3 WALKMEN
3 TASCHENLAMPEN

Weihnachtsgrüße aus Entenhausen

Mehrere der Ölgemälde von Carl Barks mit den Enten zeigen weihnachtliche Motive. Eine so harmonische Szene wie „Gifts for Shacktown“ von 1975, die auf dem ursprünglichen Cover zu der Kummersdorf-Geschichte basiert und auf Seite 1 dieses Bandes zu sehen ist, findet sich auf den anderen Bildern aber nicht. Stattdessen regieren Geiz, Gier und Missmut, wie es auch in den Weihnachtsgeschichten von Barks der Fall ist – natürlich stets mit einem Augenzwinkern.

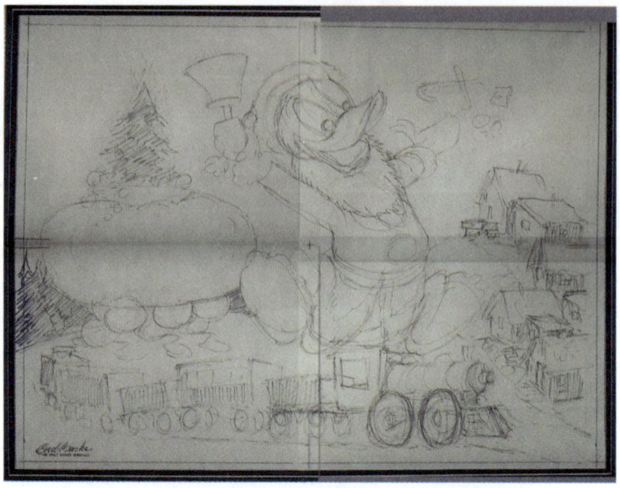

Bleistiftskizze zu „Gifts for Shacktown“

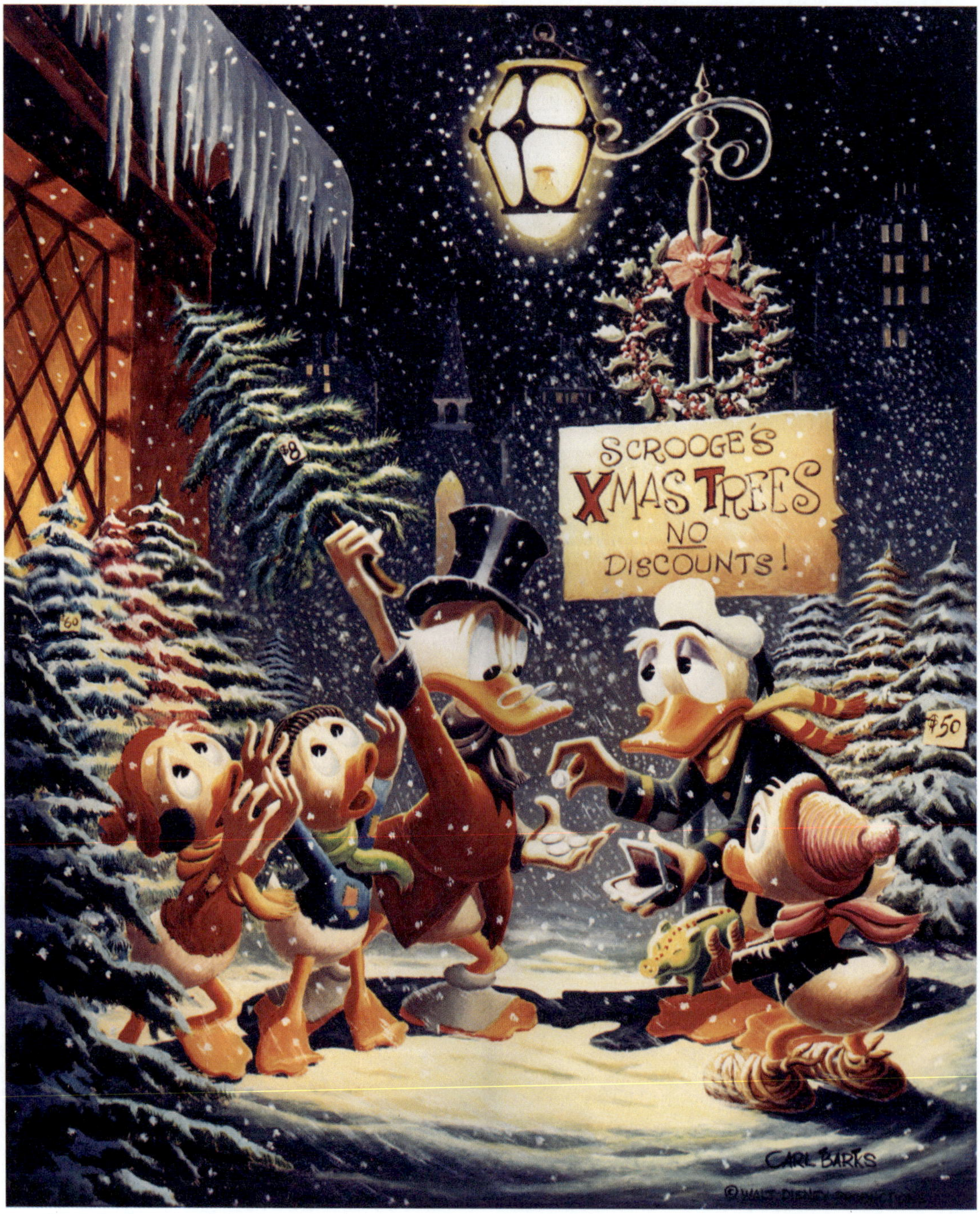

„Christmas Composition“, 1972. Keine Ermäßigungen!

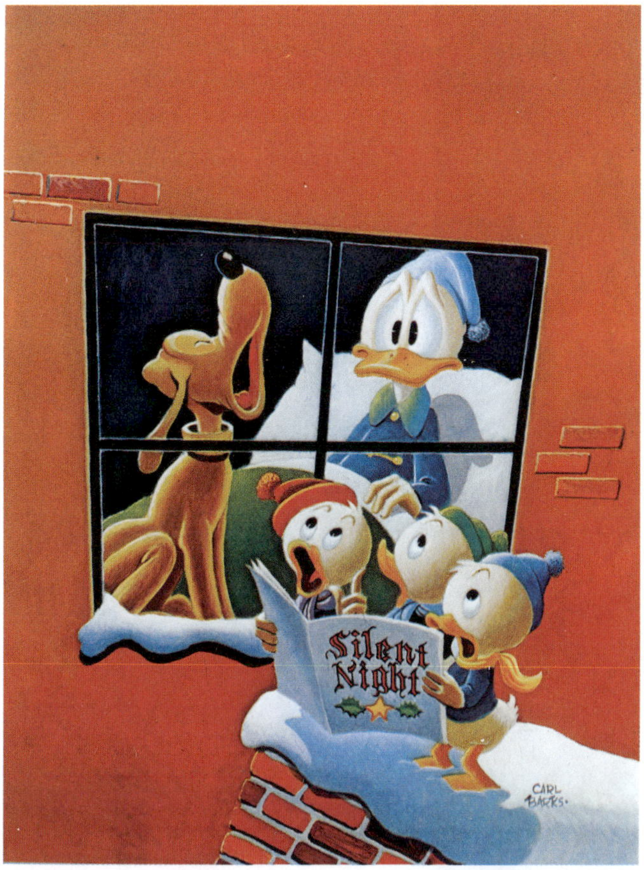

„Christmas Carolers“, 1972.
Basierend auf dem Cover zu Walt Disney's Comics and Stories *148 (1953).*

„Season To Be Jolly“, 1974.

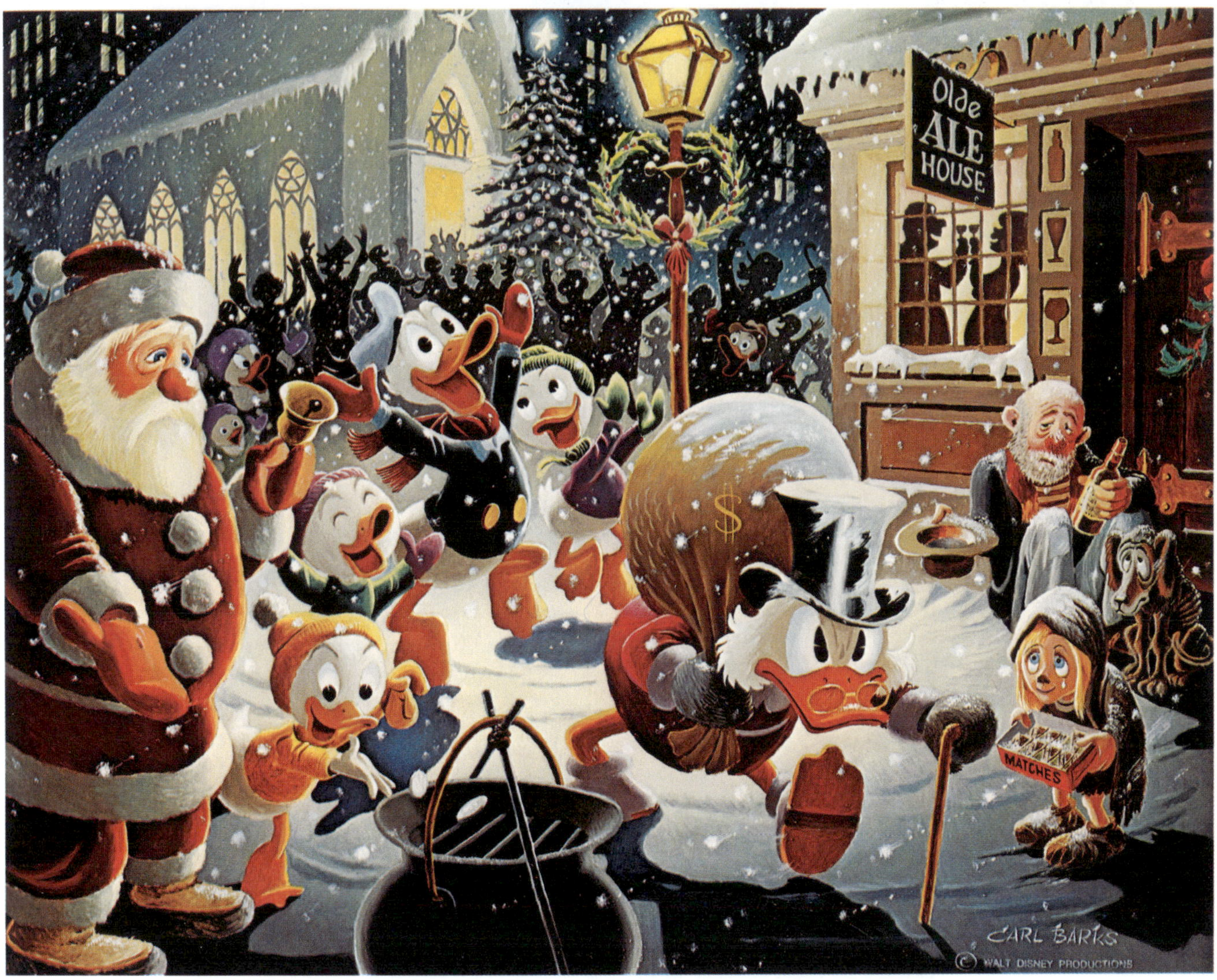

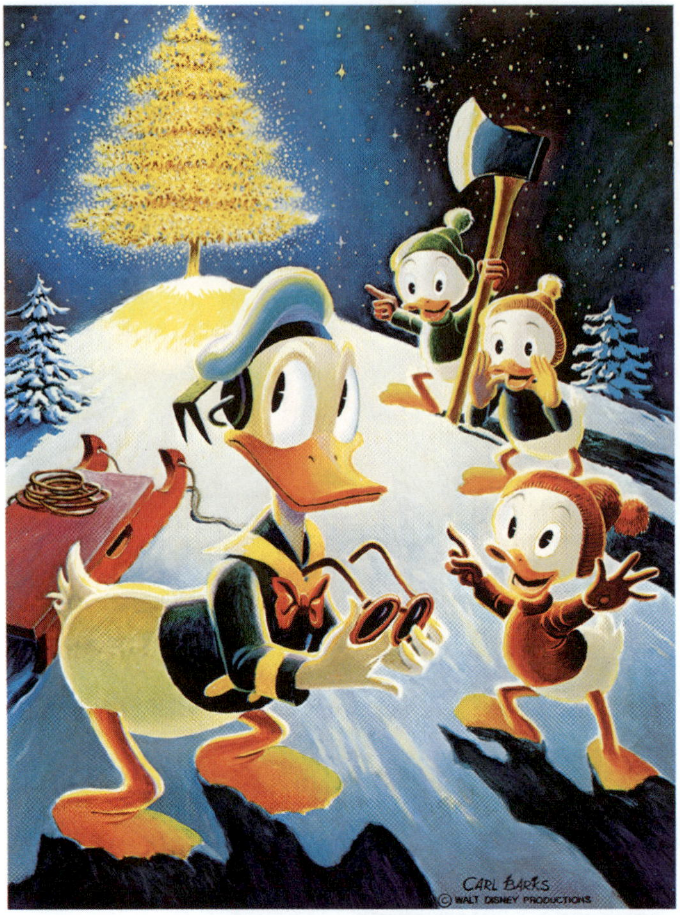

„Golden Christmas Tree", 1975.
Basierend auf dem Cover zu
„Der goldene Weihnachtsbaum",
Four Color Comics *203 (1948).*

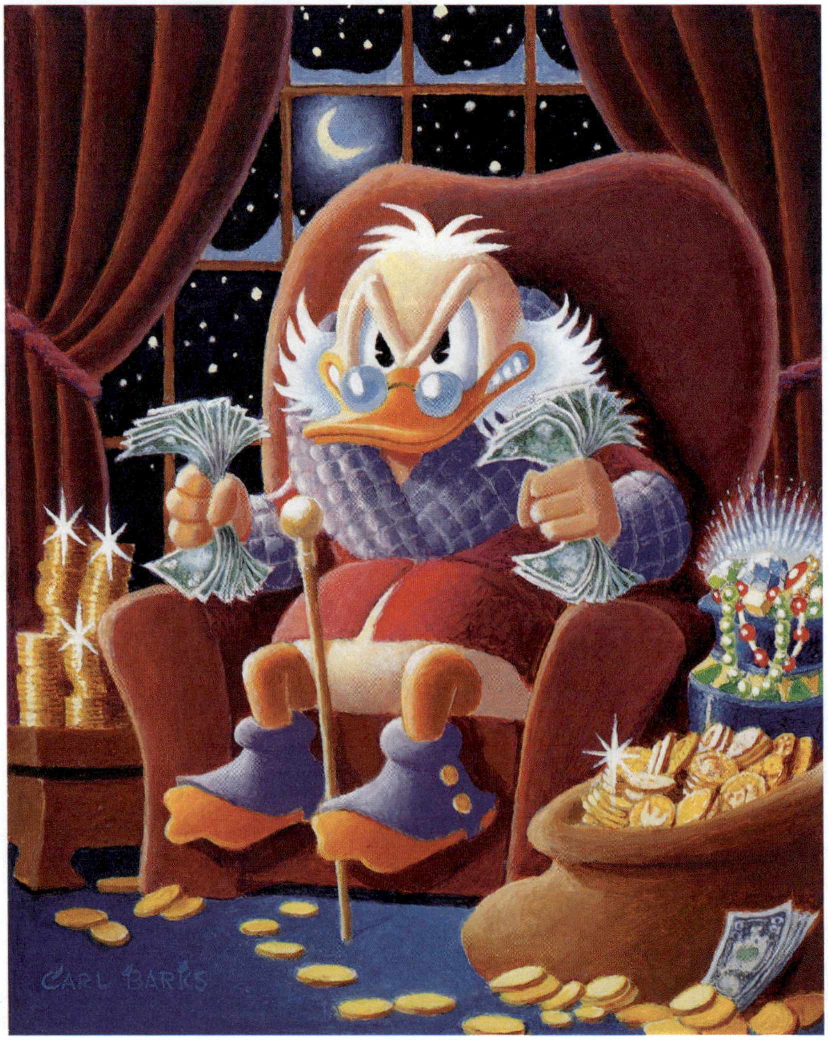

„Merry Christmas", 1996.
Basierend auf Onkel Dagoberts
allererstem Auftritt in der
Geschichte „Die Mutprobe",
Four Color Comics *178 (1947).*

„Donald Duck in Weihnachten für Kummersdorf“
von Carl Barks

Aus dem Amerikanischen von Dr. Erika Fuchs

Erschienen in der
Egmont Comic Collection
verlegt durch Egmont Verlagsgesellschaften mbH,
Ritterstraße 26, 10969 Berlin

1. Auflage
Verantwortlicher Redakteur: Fabian Gross
Lettering: Eleonore Spindelböck
Gestaltung: Wolfgang Berger
Koordination: Angelika Schönhuber
Printed in the EU
ISBN 978-3-7704-0642-5

www.egmont-shop.de
www.egmont-comic-collection.de
@egmont_comic_collection

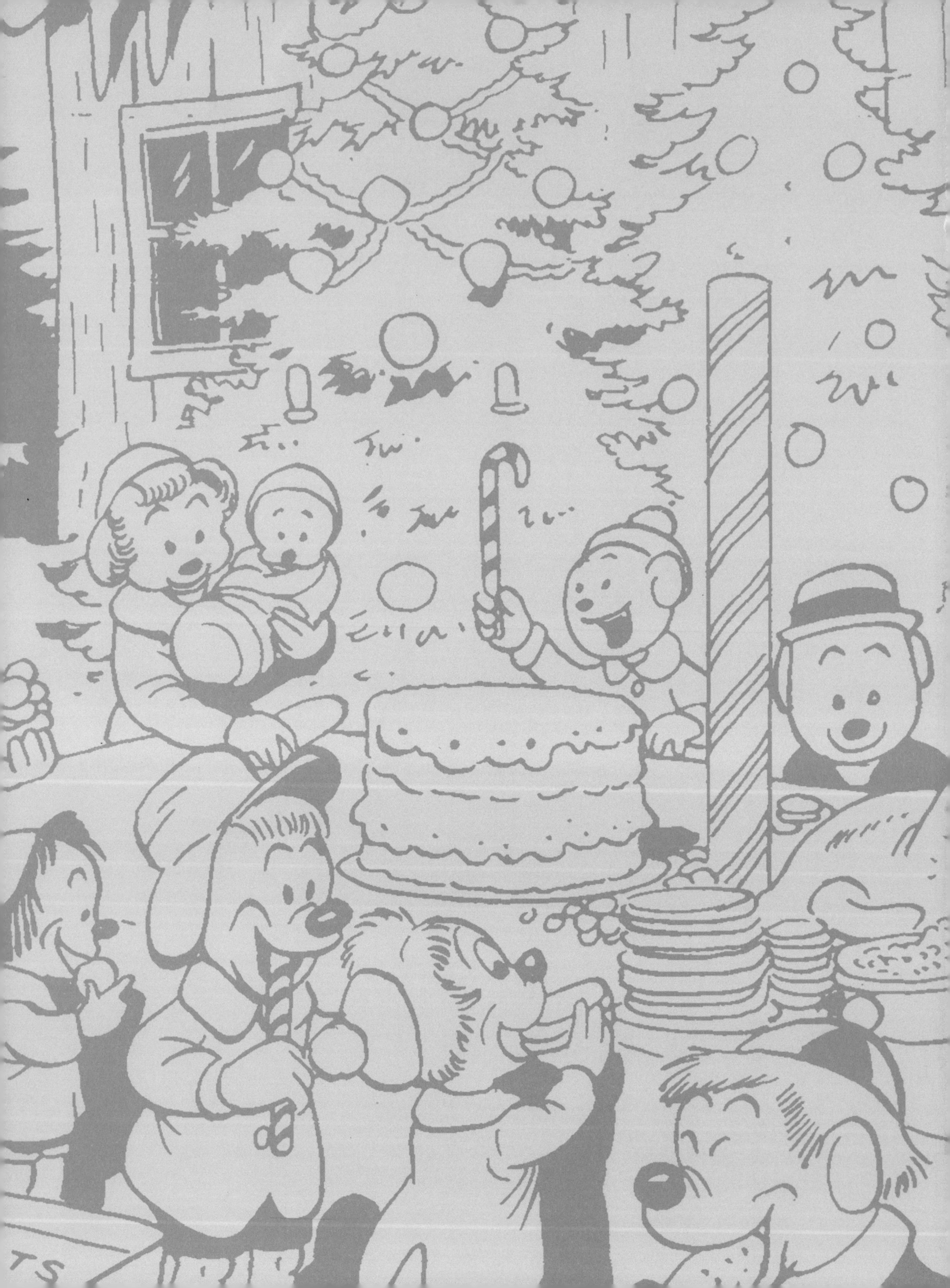